ÍNDICE

4

Capítulo I

El nombre

1. El nombre. Definición

El nombre es la clase de palabra que usamos para nombrar seres animados o inanimados, cuya existencia es real o ficticia, y se dividen en las siguientes clases:

a) Nombre propio: Ana, España, Atlántico, (río) Ebro, África...

b) Nombre común: mujer, país, río, océano, continente...

Mediante los nombre propios nombramos algo que es único, como puede ser el océano Atlántico, mientras que con los nombres comunes se nombra todo lo demás, que no es único: mesa, silla, casa, cuaderno, sortija... etc. (Se profundizará en el nombre propio y nombre común en el apartado 3 del presente capítulo.)

A continuación se muestra una tabla con ejemplos de nombres propios y nombres comunes, ilustrando así la diferencia entre unos y otros:

Nombre propio	Nombre común
Duero	río
Javier	hombre
Marta	mujer
Costa Rica	país
África	continente
Atlántico	océano
Cantábrico	mar

Vemos en la tabla cómo podemos nombrar una misma cosa de dos maneras, una de forma general: nombre propio; y otra, de forma común: nombre común.

El nombre puede referirse a:

Seres animados	animal, señor, bebé, chica...
Seres inanimados	pelota, madera, cama, teléfono...
Realidades no materiales	orgullo, ambición, vanidad, pena...

2. Sustantivo y nombre. Una aclaración terminológica

Algunos gramáticos emplean sustantivo, otros, en cambio, emplean la palabra nombre y así sucede también con los distintos profesores de lengua, de tal manera que no es de extrañar que muchos no sepan diferenciar una denominación de la otra.

Siguiendo a Manuel Seco, podemos decir que los sustantivos engloban al nombre y al pronombre. Algo lógico, teniendo en cuenta, como ya veremos, que el pronombre viene a realizar las mismas funciones que el sustantivo, siendo una 'especie' de sustituto del nombre, de ahí que sea coherente englobar con una misma palabra a las dos clases (o subclases) de palabras que son el nombre y el pronombre. Por esta razón usaremos el término *nombre* y *pronombre*, dejando el término *sustantivo* para la denominación de ambas clases o subclases de palabras.

Así que no son incorrectas ninguna de las dos denominaciones, pues el nombre es a su vez un sustantivo.

Existe también la posibilidad de encontrar la siguiente denominación: *nombres sustantivos* y *nombres adjetivos*. La primera denominación se emplea para referirse a lo que aquí estamos llamando *nombres* y la segunda para lo que denominamos en esta gramática *adjetivo*.

3. Nombres propios y nombres comunes

3.1. *Nombre común*

Se denomina nombre común a todo aquél que no designa algo único, es decir, todos aquellos nombres que no son nombres propios.

casa, perro, gato, mesa, silla, papel...

3.2. *Nombre propio*

Nombres propios son aquéllos que designan algo único:

Nombres de personas	Antonio, Belén, Claudio, Paola, Ana
Nombres de continentes	Asia, América, Oceanía, Africa, Europa
Nombres de países	Portugal, Chile, Argentina, Francia
Nombres de ciudades	Quito, Toledo, San José, Managua
Nombres de pueblos	Orgaz, Pedraza, Toro, Potes
Nombres de ríos	Duero, Ebro, Orinoco, Nilo, Amazonas
Nombres de calles	Goya, Serrano, Alcalá, Génova
Nombres de plazas	Mayor, de España

Los nombres propios de persona siempre designan a una sola persona y por tanto su número es siempre singular, mas hay ciertos contextos en los que se puede nombrar en plural:

Todas las Marías que yo conozco son simpáticas.

Ahora bien, sólo en el contexto señalado es posible que aparezca en plural. Si bien es cierto que estas expresión pertenecen más al ámbito coloquial.

3.2.1. *El artículo y el nombre propio*

Todos hemos oído alguna vez: **el Carlos viene ya, *la Isabel está cansada*, por lo que es preciso aclarar ciertas cuestiones referentes al nombre propio y al artículo (para el artículo véase capítulo II, apartado 2), intentando así evitar construcciones como las ejemplificadas, que son del todo incorrectas, porque el nombre propio de persona jamás admite un artículo. Lo correcto, por tanto, será:

Carlos viene ya.
Isabel está cansada.

Debe evitarse anteponer el artículo (*el, la*) al nombre propio de persona, nunca puede llevarlo, es más: no puede llevar ningún determinante (capítulo II):

*mi Luis está altísimo
*¿está tu Juan en casa?

Todos entendemos que se refieren así al márido y al hijo, no obstante es mejor evitar dichas expresiones.

Sólo en un contexto puede aparecer el artículo delante del nombre propio:

Todas las Marías son simpáticas.

Sin embargo, con los demás nombres propios (mares, países, calles, ciudades, continentes y ríos) la presencia del artículo (*el, la*) dependerá del nombre propio en cuestión, pues hay casos en los que el artículo acompaña obligatoriamente al nombre. Es el caso de *Los Pirineos*, donde hemos de emplear el artículo *los*. Sucede también en el caso de *Las Palmas de Gran Canaria*. Pero esto sólo sucede con determinados nombres. En el caso, por ejemplo, de Europa, no es correcta, por ejemplo, la construcción: *me voy a *la Europa*. Se puede encontrar *la Europa* y se puede decir *la Europa* o similar en contextos como éstos:

Era la Europa de los años 20...
Era el Madrid de los años 40...
Aquel era un Santander muy diferente...

Así que sólo en los contextos señalados será admisible anteponer artículo al nombre propio. Quede claro que es absolutamente incorrecto lo siguiente:

*Me voy al Madrid
*Vengo del Santander

Es habitual también encontrar casos como *Perú* y *el Perú*, planteando así ciertas dudas, para lo que el lector ha de saber que ambas construcciones son posibles.

En cuanto a los ríos se refiere, hay que decir que éstos siempre llevan artículo: el Ebro, el Miño, el Bidasoa, el Amazonas, el Orinoco, el Nilo, el Guadiana, el Guadalquivir... etc.

Los mares y océanos también precisan artículo: el Atlántico, el Mediterráneo, el Cantábrico, el Pacífico...

4. Nombres concretos y nombres abstractos

Cabe distinguir dos clases de nombres, dependiendo de lo que designan:

Nombres concretos

Se refieren a seres o cosas cuya realidad se percibe sin dificultad.

niño, padre, río, casa, ciudad, sonajero, mesa, silla, reloj, ascensor...

Nombres abstractos

Se refieren a realidades que no son materiales, no pudiéndose por tanto percibir con la claridad de los nombres concretos. Es la inteligencia la que los reconoce. Son conceptos: *verdad, bondad, piedad, razón, sinceridad...*

Los nombres abstractos, tal y como su nombre indica, designan algo que es abstracto, pues ¿qué es la *justicia* o la *belleza* o la *vanidad*? No podemos definirlo o señalarlo con el dedo de la misma manera que haríamos con un nombre concreto como, por ejemplo, *árbol*. De hecho, los nombres abstractos para unos significarán una cosa y para otros, otra.

Si en el caso de los concretos podemos contestar sin ninguna problema a preguntas como ¿qué es un *niño?*,¿qué es una *mesa?*, y todos coincidiríamos en la respuesta, no sucedería igual en el caso de los nombres abstractos. Para una persona la *ambición* puede ser algo que no coincida con lo que la *ambición* es para otra persona. Puede ser algo positivo o algo negativo dependiendo de lo que cada cual entienda por *ambición*.

Por último conviene aclarar que no siempre es posible establecer esta división, pues hay nombres que no encajan ni en un tipo ni en el otro.

5. Género

Cuando se habla del género se hace referencia a la clasificación: masculino o femenino.

Existe también el denominado género neutro, que sirve para referirse a masculino y a femenino, pero en nuestra lengua los nombres neutros no existen; o son masculinos o son femeninos.

5.1. *Masculino y femenino*

Los nombres, sean de la clase que sean, responden a esta clasificación por género: masculino (*señor, león, niño*) o femenino (*señora, leona, niña*).

Habitualmente los masculinos terminan en *–o* (*perro, mono, hijo...*) y los femeninos en *–a* (*casa, ventana, malla...*), pero como veremos más adelante existen excepciones. Veamos ahora lo habitual.

Cuando sean femeninos

Terminarán en *–a* (*gata*).

Cuando no terminan en *–a* llevan antepuesto el artículo *la*: *la calle*. El nombre *calle* no termina en -a por lo que en principio no podríamos saber cuál es su género, no obstante al anteponer el artículo *la* sabemos que el género del nombre es femenino. También, evidentemente, al anteponer *una (una calle), ésa (esa calle), ésta (esta calle)... etc.* Otros ejemplos: *la mansión, la prisión.* Los nombres *mansión, prisión* no presentan la terminación *–a* propia del femenino, siendo el artículo el que informa del género del nombre.

Cuando no terminan en *–a* pueden ir también acompañados por un adjetivo terminado en *–a: larga calle.* El adjetivo es en este caso el que nos informa del género, como en el ejemplo anterior (*la calle*) lo hacía el artículo *la*. Al anteponer el adjetivo femenino *larga* sabemos que el nombre es femenino. Otros ejemplos: *bonita pared, blanca pared...* El nombre *pared* no tiene una terminación en *a* que nos permita saber su género femenino, siendo así el adjetivo (*blanca* o *bonita pared)* quien nos informa de ello.

Cuando sean masculinos

Terminarán en *–o* (*gato, perro, amo, dueño...*).

O llevarán antepuesto el artículo *el*: *el sur.* Tal y como sucedía con los nombres femeninos que no terminaban en *–a*, sucede con los nombres que no acaban con la terminación propia del masculino: -o, siendo en este caso también el artículo, aunque aquí masculino, el que nos dé la información necesaria para saber el género.

16

O irán acompañados por un adjetivo terminado en –o: *hermoso sur*. Igual que en el caso del nombre femenino no acabado en –a, aquí debe ir acompañado el nombre masculino no acabado en –o de un adjetivo cuya terminación sí es la –o, dándonos la información del género del nombre.

Mismo nombre para masculino y para femenino

Como no siempre existe un nombre para designar género masculino y otro para designar género femenino, muchos sirven para ambos géneros: *rata*. Siempre decimos *la rata* sea macho o hembra, y lo mismo sucede, por ejemplo, con la palabra *criatura* que, independientemente de que se refiera a niño o niña, designa a masculino y a femenino con el mismo nombre y el mismo artículo: *¡es una criatura!, ¡esta criatura está hermosísima!*

Cambio de significado al cambiar de género

Ocurre también que ciertos nombres al cambiar de género cambian de significado: *naranja, naranjo/ almendro, almendra/ manzano, manzana/ leño, leña...* Lo explicado en este punto sucede también a otros nombres, que si bien no presentan el cambio de género mediante las terminaciones –o, –a propias de masculino y femenino, sí cambian de género mediante el artículo *el, la* cambiando a su vez de significado:

El editorial de hoy es bastante bueno.
La editorial ha rechazado mi novela.

Haz un corte en la esquina de la página.
La corte del rey salió a recibirnos.

El margen del folio hay que respetarlo.
Comeremos en la margen derecha del río.

No ha salido del coma.
Pon una coma detrás de esa palabra.

Masculinos que no terminan en –o, cuyos femeninos sí terminan en –a

León: masculino que no termina en –o.
Leona: femenino que termina en –a.

17

Nombres que terminan en –o y son femeninos

También hay nombres terminados en –o que no son masculinos: (la) *mano*, (la) *radio*, (la) *dinamo*... etc.

Nombres que terminan en /a/ y son masculinos

Ejemplos: (el) día, (el) fantasma, (el) mapa.

Nombres femeninos que no se forman añadiendo únicamente una –a

Al igual que el masculino, el femenino presenta también sus dificultades, pues al formarlo no siempre se hace añadiendo una –a (*gata, perra*).

Veamos algunos ejemplos:

Masculino	Femenino
alcalde	alcaldesa
príncipe	princesa
rey	reina
actor	actriz
poeta	poetisa
emperador	emperatriz
madre	padre
toro	vaca
caballo	yegua

Como se puede ver en la tabla hay femeninos que se forman a partir del masculino añadiendo diversas terminaciones: *alcalde-alcaldesa, rey-reina, emperador-emperatriz, actor-actriz, poeta-poetisa*. Ahora bien, en palabras como *padre-madre, toro-vaca, caballo-yegua*, el femenino no se ha formado a partir del masculino sino que es una palabra diferente.

Nombres que no varían en su forma al variar de género

Además de las distintas formaciones de género expuestas hasta ahora, nos encontramos con que la formación del género se lleva a cabo también variando el artículo, es decir, que el sustantivo no varía al denominar masculino o femenino siendo el artículo (el/ la) el que varía, poniendo así de manifiesto su género:

Masculino	Femenino
el artista	la artista
el suicida	la suicida
el cantante	la cantante
el periodista	la periodista

En la tabla que se muestra a continuación se esquematiza todo lo concerniente al género del nombre:

Masculino	Femenino
termina en −o	termina en −a
no termina en −o, pero lleva el artículo *el*	-no termina en −a pero lleva el artículo *la*
no termina en −o pero lleva adjetivo terminado en −o	no termina en −a pero lleva adjetivo terminado en −a
termina en −a pero es masculino: *(el) día*	termina en −o pero es femenino: *(la) mano*

6. Número

6.1. *Singular y plural*

El nombre puede ser singular o plural dependiendo de lo que designe: una sola realidad, ser o cosa (singular) o varias realidades, seres o cosas (plural).

Singular	Plural
casa	casas
silla	sillas
niño	niños
mujer	mujeres
camión	camiones

El singular no tiene una marca específica de singular, como la tenía, por ejemplo, el femenino.

El plural sí tiene su propia terminación, que se forma añadiendo al nombre singular: −s o −es. Ejemplos:

Singular	Plural
casa	casas (plural formado añadiendo –s)
camión	camiones (plural formado añadiendo –es)

Tras lo expuesto viene la pregunta más lógica: ¿cuándo añadimos –s y cuándo –es?:

Añadiremos –s cuando los sustantivos terminen en vocal átona (es decir, no acentuada) y también cuando terminen en –é tónica (acentuada), –á tónica (acentuada), –ó tónica (acentuada). Veamos la siguiente tabla en la que se ejemplifica lo expuesto:

vocal átona	–é tónica	–á tónica	–o tónica
coche: coches	café: cafés	mamá: mamás	buró: burós
cama: camas	té: tés	papá: papás	capó: capós

Los sustantivos acabados en –ú tónica presentan una alternancia en su plural, ya que puede formarse de dos maneras:
a. añadiendo –s
b. añadiendo –es
Ejemplos de nombres acabados en –ú tónica cuyo plural se forma añadiendo –s y añadiendo –es:

zulú: zulúes o zulús
hindú: hindúes o hindús
tabú: tabúes o tabús

Sin embargo, no todos los sustantivos acabados en –ú tónica realizan su plural de ambas formas, pues hay ciertos nombres acabados en –ú tónica cuyo plural se forma sólo añadiendo –s:

menú: menús
champú: champús

Añadiremos –es cuando el sustantivo acabe en –í tónica, o consonante:
Nombres acabados en –í tónica nombres acabados en consonante alhelí? alhelíes

israelí: israelíes
jabalí: jabalíes
iraquí: iraquíes

iraní: iraníes
camión: camiones
poder: poderes
cajón: cajones
tambor: tambores
papel: papeles
motor: motores

Conviene decir aquí que la tendencia de las palabras que terminan en *–i* tónica es a formar el plural con *–s*:

esquí: esquís

Debemos incluir en este apartado una palabra que acabando en vocal átona no hace su plural añadiendo *–s,* sino añadiendo *–es*. La palabra en cuestión es:

no: noes.
hemos recibido diez síes a favor y cinco noes en contra.

Nombres cuya terminación es *–s* y *–x* no varían al cambiar de número:
Existen unos nombres que acaban en *–s* y en *–x* cuyo plural es el mismo que el singular, siendo el artículo, una vez más (igual pasaba en el género), el encargado de señalar el número del nombre.

la tesis: las tesis
el bíceps: los bíceps
el tríceps: los tríceps
el tórax: los tórax
el martes: los martes
el miércoles: los miércoles
el jueves: los jueves
el viernes: los viernes
la crisis: las crisis
la dosis: las dosis

Esto sucede con los sustantivos terminados en *–s* (y también en *–x*) en su forma singular y cuya última vocal es átona (viernes, lunes, martes, miércoles, jueves, crisis...).
Cuando la última vocal es tónica, se añade *–es:*

marqués: marqueses
dios: dioses
adiós: adioses

Los nombres acabados en *–y* forman su plural con *–es*, pero convierten la *–y* en consonante o en *–i*:

buey: bueyes
rey: reyes
virrey: virreyes
jersey: jerséis
convoy: convoyes
ley: leyes

Cambio de tilde al cambiar de número

Veamos ahora algunos de los casos en los que el acento cambia de lugar al cambiar el número:

Régimen: regímenes (la tilde cambia de lugar a la *–i*)

Carácter: caracteres (la tilde ha desaparecido, no así el acento que ha cambiado su lugar a la segunda *–e*. No es lo mismo acento que tilde: tilde es el signo (´) que ponemos donde recae el acento y las normas de acentuación indican, mas no todas llevan tilde, pero sí acento).

El plural en palabras extranjeras

Centrémonos ahora en las palabras que adoptamos de otras lenguas, casos en los que la formación del plural puede presentar ciertos problemas.

Lo habitual es que cuando el sustantivo en cuestión se ha extendido y se usa mucho, el plural responda a lo habitual en nuestra lengua, es decir añadir *–es, –s* según corresponda de acuerdo con las normas.

yogur: yogures
gol: goles

En otros casos, los nombres extranjeros no se han asimilado totalmente y su plural no se forma como era de esperar. En los siguientes ejemplos lo normal sería formar el plural con *–es,* de acuerdo a las normas, y en cambio se ha formado añadiendo *–s*:

22

ticket: tickets
fan: fans

En los tres casos son palabras que terminan en consonante por lo que su plural debería haberse formado añadiendo –*es*.

Igual ocurre con algunas palabras latinas:

accésit: accésits
déficit: déficits
ultimátum: ultimátums

Estas tres palabras latinas acaban en consonante por lo que su plural debería haberse formado con –*es,* y no con –*s*.

6.2. *Nombres colectivos*

Los nombres colectivos son aquéllos que designan a un grupo mediante un nombre singular. Es el caso, por ejemplo de *ejército*, que es singular pero en realidad designa a muchos o varios hombres. Con el nombre *gente* sucede igual, dado que designa a un grupo de personas mediante un nombre singular. *Rebaño* y *manada* son también ejemplos de nombres en singular que sin embargo se refieren a grupos.

Usamos también en determinados contextos un nombre singular para nombrar a todo un colectivo. Por ejemplo:

el <u>trabajador</u> tiene derecho a una pensión
el <u>gato</u> es un animal traicionero
la <u>mujer</u> ocupaba antiguamente un papel muy distinto en la sociedad

Mediante los nombres señalados (subrayados) aludimos no a un trabajador sino a todos los trabajadores, no a un gato en concreto sino al gato en general, y no a una mujer determinada sino a las mujeres en general.

Dentro de los nombres colectivos debemos nombrar también a los que designan cosas que no se pueden contar, y que aun no siendo singular, las nombramos con sustantivos en singular: *la sal, el polvo...* Si los ponemos en plural su significado ya no es el mismo, pues no es igual:

23

Singular	Plural
dame la sal	*¿tenemos sales de baño?*
limpia el polvo ahora mismo	*¿te has tomado todos los polvos?*

6.3. Nombres plurales para singular

Igual que en el apartado anterior veíamos cómo se pueden nombrar determinadas realidades plurales mediante nombres singulares, veremos ahora cómo mediante nombres en plural se designan en algunos casos cosas que son singulares.

las gafas, las tijeras, las pinzas, los alicates, los pantalones.

Nos referimos, en los ejemplos citados, a un único elemento o realidad, pues cuando decimos *dame las gafas*, estamos solicitando una cosa, no varias. No obstante, también es cierto que muchos de los nombres señalados se usan también en singular: *gafa, pantalón, tijera, pinza...* Sin embargo, los objetos designados por estos nombres están compuestos por dos partes (las gafas tienen dos partes, así como los pantalones... etc), y, por lo tanto, será mejor usarlos en plural.

Conviene citar también en este apartado a esos sustantivos cuya existencia sólo puede darse en plural, porque carecen de singular: *entendederas, añicos, víveres, nupcias...*

Ejercicios

1. Diga si son nombres propios o comunes:

Sol:

Fuerza:

Guatemala:

Intensidad:

Nilo:

Mes:

Ganas:

Atlántico:

Alegría:

Niágara:

Día:

Leche:

Tostadas:

Terraza:

Casa:

Minutos:

Sara:

Buenos Aires:

Agua:

Cuerpo:

Falda:

Camisa:

Zapatos:

Ojos:

Venecia:

Boca:

Espejo:

Carlos:

Imagen:

Mediterráneo:

2. Forme el femenino de:

Alcalde:

Rey:

Tigre:

Príncipe:

Emperador:

Presidente:

Actor:

Héroe:

León:

Gato:

Vampiro:

Hombre:

Varón:

Señor:

3. ¿Cuál es el masculino de los siguientes nombres?

Modista:

Marquesa:

Viuda:

Reina:

4. Forme el plural o el singular según convenga:

Marroquí:

Jabalí:

Régimen:

Yogur:

Rey:

Leyes:

Jersey:

Papá:

Mamá:

5. Diga el género y el número de los siguientes nombres:

Bicicleta: Teléfono:
Carro: Vaso:
Libros: Padre:
Mesa: Maceta:
Serpiente: Tabaco:

6. ¿Significan lo mismo en masculino y femenino?

el coma/ la coma:
el margen/ la margen:

7. Ponga un ejemplo con cada uno de los nombres del ejercicio anterior.

8. Explique las particularidades de los siguientes nombres:

gafas, ejército, víveres, manada, rebaño, pantalones.

Soluciones

1.

Sol: común
Fuerza: común
Guatemala: propio
Intensidad: común
Nilo: propio
Mes: común
Ganas: común
Atlántico: propio
Alegría: común
Niágara: propio
Día: común
Leche: común
Tostadas: común
Terraza: común

Casa: común
Minutos: común
Sara: propio
Buenos Aires: propio
Agua: común
Cuerpo: común
Falda: común
Camisa: común
Zapatos: común
Ojos: común
Venecia: propio
Boca: común
Espejo: común

2.

Alcalde: alcaldesa
Rey: reina
Príncipe: princesa
Emperador: emperatriz
Actor: actriz

León: leona
Hombre: mujer
Señor: señora
Presidente: presidenta

3.

Modista: modisto
Patrona: patrón

Viuda: viudo
Sirvienta: sirviente

4.

Marroquí: marroquíes
Jabalí: jabalíes
Régimen: regímenes
Yogur: yogures
Rey: reina

Leyes: ley
Jersey: jerséis
Papá: papás
Mamá: mamás

5.

Bicicleta: femenino, singular.
Carro: masculino, singular.
Libros: masculino, plural.

Mesa: femenino, singular.
Serpiente: femenino, singular.
Teléfono: masculino, singular.

Vaso: masculino, singular.   Maceta: femenino, singular.
Padre: masculino, singular.   Tabaco: masculino, singular.

6.

El margen: puede ser el espacio en blanco que ha de dejarse en el folio, o espacio y tiempo que solicita uno cuando dice 'dame un margen, hombre'...

La margen: se refiere a las orillas del río.

El coma: 'estado en el que se pierde la conciencia, la sensibilidad y la capacidad motora voluntaria' (Diccionario de la R.A.E.).

La coma: signo ortográfico con el que indicamos pausa.

7.

Debes respetar siempre los márgenes del folio.
Estaba en la margen derecha del río.
El coma es un estado terrible.
Pon coma cuando sea oportuno.

8.

Gafas y *pantalones* son nombres plurales aunque designen un solo objeto, y lo son porque en realidad se refieren a dos partes, pues *gafas* y *pantalones* están formados por dos partes.

Ejército, manada y *rebaño* son nombres colectivos, es decir que estando en singular se refiere a algo plural, un grupo de personas o animales...

Víveres es un nombre que sólo puede aparecer en plural, no existe el singular *víver*.

Capítulo II
El determinante

1. El determinante. Definición

El determinante es una clase de palabra que no puede aparecer sola, ha de acompañar necesariamente a otra palabra. Habitualmente acompaña al nombre: *el niño, la gata*, si bien puede acompañar también al adjetivo, en cuyo caso lo sustantivará (caso que estudiaremos más adelante): *lo azul te sienta fenomenal*. El determinante ha de concordar en género y número con el nombre al que acompaña:

el gato	*unos niños*
la gata	*unas niñas*
los gatos	*esa casa*
las gatas	*esas casa*

Clases de determinantes

- Artículo determinado: *el, la, los, las.*
- Artículo indeterminado: *un, una, unos, unas.*
- Demostrativo: *este, ese, aquel.*
- Posesivo: *mi, tu, su, nuestro/a(s), vuestro/a(s)...*
- Numeral: ordinales, cardinales, partitivos y multiplicativos.
- Indefinido: *poco/a(s), mucho/a(s), alguno/a(s), ninguno/a(s)...* etc.
- Distributivo: *cada, sendos/as.*
- Interrogativo: *qué, cuánto/a(s).*
- Exclamativo: *qué, cuánto/a(s).*

Habitualmente el determinante precede al sustantivo:
el niño, la niña, una casa, esta ventana, aquella persona...

Hay algunos casos en los que el determinante puede posponerse:

hijo mío, la niña esta, los tontos esos...
(Veremos cuándo y cuáles pueden posponerse, pues no todos los determinantes admiten esa situación).

2. El artículo

El artículo sólo puede acompañar al nombre, nunca al pronombre, y, también, al adjetivo, en cuyo caso lo sustantivará.

Este determinante siempre precede al nombre, no pudiendo en ningún caso posponerse al mismo.

el reloj es bonito
la mesa está puesta
los niños comen
unas niñas vienen
unos señores llaman

Si posponemos el artículo el resultado es incorrecto:

*reloj el es bonito
*mesa la está puesta
*niños los comen
*niñas unas vienen
*señores unos vienen

Existen dos tipos de determinante artículo:
• Determinado
• Indeterminado

2.1. Artículo determinado

Las características del artículo determinado son las expresadas en el artículo.

Los artículos determinados son los siguientes:

	Masculino	*Femenino*	*Neutro*
Singular	*el*	*la*	*lo*
Plural	*los*	*las*	____

El perro está enfermo.
Los perros están enfermos.
La gata está sola.
Las gatas están solas.

2.1.1. *El determinante artículo determinado neutro lo:*

En primer lugar hay que señalar que *lo* no tiene plural, tal y como puede verse en la tabla.

En segundo lugar, apuntar que no puede acompañar a nombre alguno, porque en español no existen nombres neutros. Así que si la función de todo determinante es acompañar al nombre y no existen nombres neutros en nuestro idioma, el artículo *lo* no puede ejercer la misma función que los demás determinantes.

En tercer lugar, debemos explicar cuál es pues la función de *lo*. Pues bien, el artículo neutro sirve para convertir en nombres, esto es, sustantivar, palabras que no son nombres. Por ejemplo:

Lo fácil no siempre es lo mejor.

Fácil es un adjetivo, al igual que *mejor*, que actúan como nombres en esta oración gracias a la anteposición del artículo neutro *lo,* que los ha convertido en nombres.

2.2. *Artículo indeterminado*

Los rasgos del artículo indeterminado son los expresados en el artículo.

Existe un rasgo que diferencia al determinado del indeterminado, mas esto lo veremos en el siguiente apartado (2.2.1.).

Veamos ahora cuáles son los artículos indeterminados:

	Masculino	*Femenino*	*Neutro*
Singular	Un	Una	....
Plural	Unos	Unas	....

Ha entrado un niño.
Ha entrado una niña.
Han entrado unos niños.
Han entrado unas niñas.

No tiene el indeterminado neutro como lo tenía el determinado.

2.3. *Diferenciación entre determinados e indeterminados*

Como pudimos observar en los ejemplos, los artículos determinados determinaban al nombre, delimitaban su significación. Así en el ejemplo 'la niña es guapa' se entiende que es una niña en concreto la que es guapa, y no cualquier niña. En el ejemplo 'ha entrado un niño' el artículo es indeterminado (*un*) refiriéndose a un niño cualquiera, no a un niño en concreto. De ahí su nombre 'indeterminado', en oposición al 'determinado'. Veamos otros ejemplos que muestran la diferencia entre artículo determinado y artículo indeterminado.

Toma las patatas: se trata de unas patatas en concreto, conocidas por hablante y oyente.

Toma unas patatas: el hablante no se refiere a unas patatas en concreto.

Toma el lápiz: se trata de un lápiz en concreto conocido por hablante y oyente.

Toma un lápiz: no es un lápiz determinado, es cualquier lápiz.

3. Determinante posesivo

El determinante posesivo indica la posesión del nombre, es decir de quién es el objeto o ser designado por el nombre al que acompaña. Ejemplos: *mi maleta, tu bolso, su comida, nuestro nieto, sus pastillas*. Este tipo de determinante acompaña siempre al nombre, nunca al pronombre, salvo en construcciones del tipo: *mi 'yo' se ve dolido con este trato.*

A continuación se muestran los determinantes posesivos:

Singular		Plural	
masculino	*femenino*	*masculino*	*femenino*
mi	*mi*	*mi*	*mi*
tu	*tu*	*tus*	*tus*
su	*su*	*sus*	*sus*
nuestro	*nuestra*	*nuestros*	*nuestras*
vuestro	*vuestra*	*vuestros*	*vuestras*
su	*su*	*sus*	*sus*

Como puede apreciarse en la tabla expuesta sólo *nuestro/a(s)*, *vuestro/a(s)* tienen diferentes terminaciones para masculino y femenino. Los restantes sólo varían en el número.

Los determinantes posesivos que hemos visto en la tabla siempre ocuparán una posición anterior al sustantivo:

mi hermano, su tía, tu libro, nuestras ideas, sus amigos, vuestra vida...

Es decir que no pueden posponerse, salvo *nuestro/a(s), vuestro/a(s)* que sí pueden hacerlo:

eso es cosa vuestra
esto es cosa nuestra

Ahora bien, el determinante posesivo puede posponerse en más ocasiones que en las citadas: *nuestro/a(s),* pero en ese caso la forma que adopta el posesivo es la siguiente:

Singular		Plural	
masculino	*femenino*	**masculino**	*femenino*
mío	*mía*	*míos*	*mías*
tuyo	*tuya*	*tuyos*	*tuyas*
suyo	*suya*	*suyos*	*suyas*
nuestro	*nuestra*	*nuestros*	*nuestras*
vuestro	*vuestra*	*vuestros*	*vuestras*
suyo	*suya*	*suyos*	*suyas*

Ejemplos:

hijo mío, cielo mío, vida nuestra...

El hecho de que los determinantes mostrados en la tabla puedan posponerse no significa que siempre sea correcto, y no lo es en los siguientes casos:

*Ponte detrás mío/mía.
*Vete delante suyo/suya.
*Iré encima tuya/tuyo.
*Estaba delante nuestro/nuestra.
*Hablé detrás vuestro/vuestra.

Todas las construcciones que acabamos de ver son incorrectas, razón por la que llevan un asterisco delante. La construcción correcta es:

Ponte detrás de mí.
Vete delante de él/ ella.
Iré encima de ti.
Estaba delante de nosotros/ nosotras.
Hablé detrás de vosotros/ vosotras.

Y, como puede apreciarse, ya no son determinantes posesivos, sino pronombres: *mí, él, ella, ti, nosotros, nosotras, vosotros, vosotras.*

4. Determinante demostrativo

Singular		Plural	
masculino	*femenino*	*masculino*	*femenino*
este	*esta*	*estos*	*estas*
ese	*esa*	*esos*	*esas*
aquel	*aquella*	*aquellos*	*aquellos*

El determinante demostrativo, como determinante que es, siempre acompaña a un nombre. No puede acompañar a un pronombre, aunque sí al adjetivo (sustantivándolo: *ese azul te sienta muy bien*).

Indica este determinante el grado de proximidad o lejanía del nombre al que acompaña.

• *Este, esta, estos, estas* indican cercanía:

Este niño es mi hijo.
Esta casa es mía.
Estos pájaros necesitan agua.
Estas piedras son enormes.

Es evidente que nos referimos a cosas, animales y personas (*hijo, casa, pájaros, piedras*) que están cerca de nosotros.

• *Ese, esa, esos, esas* indican menos proximidad que la que indicaban *este, esta, estos, estas:*

Ese niño es mi hijo.
Esa casa es mía.
Esos pájaros necesitan agua.
Esas piedras son enormes.

Los objetos, personas y animales a quienes nos referimos en estos ejemplos ya no están tan próximos como cuando nos referíamos a ellos mediante *este, esta, estos, estas.*

• *Aquel, aquella, aquellos, aquellas* indican lejanía:

Aquel niño es mi hijo.
Aquella casa es mía.

Aquellos pájaros necesitan agua.
Aquellas piedras son enormes.

Resumiendo

El determinante demostrativo sirve para especificar al nombre en cuanto a su proximidad o lejanía.

Este niño: cerca.
Ese niño: menos cerca.
Aquel niño: lejos.

Demostrativo pospuesto.
Lo explicado hasta aquí es referente al demostrativo antepuesto. No obstante, este determinante puede ir pospuesto al nombre, en cuyo caso, además de significar distancia, puede en ciertos contextos añadir cierto tono despectivo:

El niño este me tiene loca.
El niño ese es tonto.

En otros enunciados simplemente va pospuesto por razones gramaticales, es el caso en que el nombre va precedido por un determinante. Entonces el demostrativo pasa a la situación pospuesta:

Los niños aquellos.
La ventana esa.

Como ya hay un determinante antepuesto, el demostrativo se ve obligado a posponerse, pues de no hacerlo el resultado sería éste:

*los aquellos niños
*las esas ventanas

El determinante demostrativo coincide en su forma con el pronombre demostrativo, mas no en su función. El determinante acompaña al nombre, el pronombre aparece solo.

Esas son mis hijas (pronombre).
Esas niñas son mis hijas (determinante).

5. Determinante numeral

Tal y como su nombre explica son determinantes que informan sobre el número del nombre al que acompaña.

dos cartas
cinco camiones
segundo tiempo
tercer ataque

No pueden acompañar al pronombre, mas sí al adjetivo (sustantivándolo: *las hijas de Juana son dos flacas)*.
Dentro de los numerales se distinguen:
• Cardinales: *uno, dos, tres, cuatro, cinco, seis, siete, ocho, nueve...* etc.
Vienen dos, tres, cuatro... niños.

• Ordinales: *primer, segundo, tercer, cuarto, quinto, sexto, séptimo...* etc.
Voy al tercer, cuarto, quinto... piso.

• Partitivos: *media, quinta...*
Toma media pastilla. Es la quinta parte.

• Multiplicativos: *doble, triple...*
Ejemplo: *¡Toma!, doble jugada.*

Los numerales, así como algunos determinantes, pueden ser pronombres o determinantes. En los ejemplos expuestos se puede apreciar que los determinantes numerales acompañan siempre a un nombre: doble jugada, quinta parte, primer tiempo, cinco niños. Si no acompañaran a un nombre, serían pronombres.
Ejemplos de pronombre numeral:
Yo llegué primero.
Quiero tres.
Dame media.
Pagarás el triple.

Ejemplo de determinante numeral:
El primer niño que llegue, gana el premio.
Quiero tres caramelos.
Dame media pastilla.
Pagarás triple alquiler.

5.1. *Ordinales y cardinales*

Antes de mostrar la tabla de ordinales y cardinales, hay que dejar claro que los cardinales se escriben en una palabra desde el uno hasta el treinta: *uno, dos, tres, cuatro..., dieciséis, diecisiete, dieciocho, veintiocho, veintinueve, treinta.*

Sin embargo hay cuatro números que admiten la siguiente alternancia:

dieciséis / diez y seis
diecisiete / diez y siete
dieciocho / diez y ocho
diecinueve / diez y nueve

A partir del número treinta y uno se escriben todos en dos palabras, no pudiéndose escribir de otra manera:

treinta y tres, treinta y cuatro, treinta y cinco...

Lista de cardinales y ordinales

Cardinales	Ordinales
Uno	Primero/a, primer
Dos	Segundo/a
Tres	Tercero/a, tercer
Cuatro	Cuarto/a
Cinco	Quinto/a
Seis	Sexto/a
Siete	Séptimo/a
Ocho	Octavo/a
Nueve	Noveno/a, nono
Diez	Décimo/a
Once	Undécimo
Doce	Duodécimo/a
Trece	Decimotercero/a
Catorce	Decimocuarto/a
Quince	Decimoquinto/a
Dieciséis, diez y seis	Decimosexto/a
Diecisiete, diez y siete	Decimoséptimo/a
Dieciocho, diez y ocho	Decimoctavo/a
Diecinueve, diez y nueve	Decimonoveno/a

Cardinales	Ordinales
Veinte	Vigésimo/a
Veintiuno/a/ún	Vigésimo/a primero/a
Veintidós	Vigésimo/a segundo/a
Veintitrés	Vigésimo/a tercero/a
Veinticuatro	Vigésimo/a cuarto/a
Veinticinco	Vigésimo/a quinto/a
Veintiséis	Vigésimo/a sexto/a
Veintisiete	Vigésimo/a séptimo/a
Veintiocho	Vigésimo/a octavo/a
Treinta	Trigésimo/a
Treinta y uno/a, un	Trigésimo/a primero/a
Treinta y dos	Trigésimo/a segundo/a
Treinta y tres	Trigésimo/a tercero/a
Cuarenta	Cuadragésimo/a
Cuarenta y uno/a, un	Cuadragésimo/a primero/a
Cuarenta y dos	Cuadragésimo/a segundo/a
Cincuenta	Quincuagésimo/a
Cincuenta y uno/a, un	Quincuagésimo/a primero/a
Cincuenta y dos	Quincuagésimo/a segundo/a
Sesenta	Sexagésimo/a
Sesenta y uno/a, un	Sexagésimo primero/a
Setenta	Septuagésimo/a
Ochenta	Octogésimo/a
Noventa	Nonagésimo/a
Cien	Centésimo/a
Ciento uno/a, un	Centésimo/a primero/aCiento diez
Centésimo/a décimo/a	
Ciento veinte	Centésimo/a vigésimo/a
Ciento treinta	Centésimo/a trigésimo/a
Ciento cuarenta	Centésimo/a cuadragésimo/a
Ciento cincuenta	Centésimo/a quincuagésimo/a
Ciento sesenta	Centésimo/a sexagésimo/a
Ciento setenta	Centésimo/a septuagésimo/a
Ciento ochenta	Centésimo/a octogésimo/a
Ciento noventa	Centésimo/a nonagésimo/a
Doscientos	Duocentésimo
Trescientos	Trecentésimo/a
Cuatrocientos	Cuadrigentésimo/a

Cardinales	Ordinales
Quinientos	Quingentésimo/a
Seiscientos	Sexcentésimo/a
Setecientos	Septigentésimo/a
Ochocientos	Octingentésimo/a
Novecientos	Noningentésimo/a
Mil	Milésimo/a
Mil cien	Milésimo/a centésimo/a
Mil trescientos	Milésimo/a trecentésimo/a
Mil quinientos	Milésimo/a quingentésimo/a
Dos mil	Dos milésimo/a
Dos mil doscientos uno	Dos milésimo/a duocentésimo/a primero/a
Tres mil	Tres milésimo/a
Cuatro mil	Cuatro milésimo/a
Diez mil	Diez milésimo/a
Un millón	Millonésimo/a
Dos millones	Dos millonésimo/a
Tres millones	Tres millonésimo/a

5.2. Partitivos

1/2: un medio   1/3: un tercio
1/4: un cuarto   1/5: un quinto
1/6: un sexto   1/7: un séptimo
1/8: un octavo   1/9: un noveno
1/10: un décimo   1/11: onceavo
1/12: doceavo   1/13: treceavo
1/14: catorceavo   1/15: quinceavo
1/16: dieciseisavo   1/17: diecisiete
1/18: dieciocho   1/19: diecinueve
1/20: veinteavo   1/21: veintiunavo
1/30: treintavo   1/40: cuarentavo
1/50: cincuentavo   1/60: sesentavo
1/70: setentavo   1/80: ochentavo
1/90: noventavo   1/100: centavo, céntimo

6. Determinante indefinido

El determinante indefinido determina al sustantivo de forma indefinida, es decir, de manera poco concreta y precisa.

queda poca leche   queda mucha leche

En el ejemplo vemos que *poca* no es una cantidad precisa de leche, al igual que *mucha* tampoco lo es. Da el determinante indeterminado cierta idea acerca de la cantidad, pues en un caso sabemos que es *mucha* y en el otro que es *poca,* mas desconocemos la cantidad exacta. Algunos indefinidos pueden ser también pronombres o adverbios, como sucedía con los demostrativos, estribando la diferencia en su aparición solos o acompañando a un nombre.

Te quiero mucho.
Mucho es en el ejemplo un adverbio, por lo que no acompaña a ningún nombre ni a ningún otro elemento.

Muchos han llamado esta mañana.
Muchos es en el ejemplo un pronombre, razón por la que no acompaña a ninguna palabra de la oración.

Quiero mucha carne.
Mucha en este último ejemplo acompaña al nombre *carne,* es por tanto determinante.

6.1. *Poco, poca, pocos, pocas*

Singular		Plural	
masculino	femenino	masculino	femenino
poco	poca	pocos	pocas

Determinante indeterminando que varía de género y de número de acuerdo con el nombre al que acompaña, y con el que ha de concordar.

Masculino singular: Quiero *poco* pan.
Masculino plural: Necesito *pocos* libros.
Femenino singular: Deseo *poca* carne.
Femenino plural: Vendrán *pocas* mujeres

• *Pocos, pocas* pueden ser también pronombres, en cuyo caso, como ya ha quedado explicado, no acompañarían a nombre alguno: *vendrán pocos/as a la fiesta.*
• *Poco, poca* pueden ser también adverbios de cantidad, diferenciándose del determinante en que no acompañan a un nombre: *quiero poco/a.*

6.2. *Mucho, mucha, muchos, muchas*

Singular		Plural	
masculino	*femenino*	*masculino*	*femenino*
mucho	mucha	muchos	muchas

Ofrecen también estos determinantes indefinidos diferenciación de género y de número, variándolo según sea el nombre al que acompañan.

Masculino singular: Tiene *mucho* valor.
Femenino singular: Quiero *mucha* tarta.
Masculino plural: Vendrán *muchos* hombres.
Femenino plurar: Salieron *muchas* mujeres.

• *Muchos, muchas* pueden ser también pronombres, no acompañando entonces a nombre alguno: *han venido muchos/as.*
• *Mucho, mucha* pueden ser adverbios de cantidad: *quiero mucho/a.*

6.3. *Algún, alguno, alguna, algunos, algunas*

Singular		Plural	
masculino	*femenino*	*masculino*	*femenino*
algún/ alguno	alguna	algunos	algunas

Presenta este determinante también distintas terminaciones para género y número.

Masculino singular: No tengo temor *alguno*. (El determinante indefinido *alguno* siempre va detrás del sustantivo).
Masculino plural: Tengo *algunos* problemas.
Femenino singular: ¿Tienes *alguna* queja?/¿Tienes queja *alguna*?
Femenino plural: Tengo *algunas* quejas.

Tal y como se ha mostrado en los ejemplos hay un determinante que puede ir pospuesto y antepuesto. Es el caso de *alguna: alguna queja/ queja alguna.* Por lo que respecta a la posición de los otros:

a) *Algún* sólo puede ir antepuesto, mientras que *alguno* sólo puede ir pospuesto.

b) *Algunos, algunas* sólo pueden ir antepuestos.

Alguno, algunos, alguna, algunas pueden aparecer como pronombres, en cuyo caso no acompañarán a nombre alguno: *alguno/a vendrá.*

6.4. *Ningún, ninguno, ninguna*

No pueden aparecer nunca en plural.
En cuanto al género sí presentan diferenciación para masculino *(ningún, ninguno)* y femenino *(ninguna).*
• *Ningún* ha de ir siempre antepuesto al nombre que acompaña:

No veo *ningún* problema.

• *Ninguno* sólo puede ir pospuesto:

No tengo odio *ninguno.* (Al igual que *alguno, ninguno* va siempre detrás del sustantivo).

• *Ninguna* puede ir antepuesto y pospuesto:

No tengo *ninguna* sugerencia.
No tengo sugerencia *ninguna.*

• *Ninguno, ninguna* pueden también ser pronombres: no conozco *a ninguno/a.*

6.5. *Cualquier, cualquiera, cualesquiera*

• *Cualquier* es válido tanto para masculino *(cualquier hombre)*, como para femenino *(cualquier mujer).* Ha de ir antepuesto al nombre.

Nunca me he conformado con *cualquier* cosa.
Me basta con *cualquier* mujer.
Valdrá *cualquier* hombre.

El indefinido *cualquiera* es válido también para masculino y femenino. Debe ir pospuesto.

Era un perro *cualquiera*.
Era una gata *cualquiera*.

• *Cualesquiera* es el plural de *cualquiera* y su posición es la pospuesta:

Dos gatas *cualesquiera*.
Dos mujeres *cualesquiera*.

En ningún caso se debe usar la extendida y habitual pero incorrecta construcción:

*Dos gatas *cualquiera*
*Dos mujeres *cualquiera*

• *Cualquiera* puede ser pronombre si no acompaña a un nombre: que salga *cualquiera* a la pizarra.

6.6. Demás

Siempre ha de ir antepuesto al sustantivo y precedido a su vez por un artículo.

Los *demás* niños suspendieron el examen.

No varía su forma nunca, es igual para masculino: los *demás* niños y para femenino: las *demás* niñas.
Es un determinante plural (carece de singular) que sólo puede acompañar a nombres en plural.

6.7. Otro, otra, otros, otras

Singular		Plural	
masculino	femenino	masculino	femenino
otro	otra	otros	otras

Determinante indefinido con variación de género y número.

Masculino singular: Mañana será *otro* día.
Femenino singular: *Otra* mujer vendrá.
Masculino plural: Serán *otros* niños.
Femenino plural: *Otras* chicas bailarán.

Pueden actuar como pronombres los cuatro determinantes mostrados (*otro, otra, otros, otras*) siempre y cuando no acompañen a una palabra de la oración: *otro vendrá, otra llamará, otros llegarán, otras jugarán...*

6.8. *Varios, varias*

No existe el singular de este determinante:

*vario perro viene
*varia perra viene

Queda claro en los ejemplos que no existen tales construcciones, es decir que el determinante indefinido *varios, varias* cambia de género, pero nunca de número, siempre es plural.

Tengo *varios* perros.
Conozco *varias* teorías.

6.9. *Cierto, cierta, ciertos, ciertas*

Singular		Plural	
masculino	femenino	masculino	femenino
cierto	cierta	ciertos	ciertas

Este determinante indefinido tiene variación de género y de número.

Masculino singular: Conozco *cierto* restaurante en Madrid.
Femenino singular: Sé *cierta* falta.
Masulino singular: Te llevaré sólo a *ciertos* sitios.
Femenino singular: Sé *ciertas* cosas de ti que no te gustarían.

Los ejemplos que hemos visto corresponden al determinante *cierto* y sus variantes, si bien hay que decir que: Si este determinante indefinido va detrás del sustantivo no será un determinante sino un adjetivo, cuyo significado es 'verdadero'.

historia cierta

Si aparece solo y en oración con el verbo 'ser' también será un adjetivo, cuyo significado es 'verdadero'.

mi historia es cierta

6.10. *Bastante, bastantes*

Necesitaré *bastante* comida.
Necesitaré *bastante* valor.

Vemos en los ejemplos que *bastante* es válido tanto para masculino como para femenino. Con el plural sucede igual, siendo el mismo determinante el que ha de usarse para ambos géneros:

Necesitaré *bastantes* medicamentos (masculino).
Necesitaré *bastantes* recetas (femenino).

6.11. *Más*

El determinante indefinido *más* es invariable, es decir que su forma (*más*) no varía, permanece igual ante masculino y ante femenino, ante singular y ante plural.

Quiero *más* cuadernos.
Necesito *más* café.
Había *más* carne.

Puede funcionar también como un adverbio: *quiero más.*

6.12. *Menos*

Exactamente igual que ocurría con *más* estamos ante un determinante invariable en género y en número.

Quiero *menos* puré.
Ponme *menos* pescado.
Dame *menos* acelgas.

Menos puede ser también adverbio: dame *menos*, come *menos*, bebe *menos*...

6.13. *Mismo, misma, mismos, mismas*

Singular		Plural	
masculino	*femenino*	*masculino*	*femenino*
mismo	*misma*	*mismos*	*mismas*

Este determinante debe ir con un nombre que ya lleve un determinante:

el *mismo* hombre
la *misma* casa
el *mismo* mueble
este *mismo* señor
esa *misma* casa
la *misma* Mercedes

Como se aprecia en los ejemplos este determinante indefinido acompaña a un nombre que necesariamente ha de llevar otro determinante.

En el caso de: *yo mismo, ellos mismos...* no hace falta otro determinante.

Este determinante puede sustantivarse así:
el mismo, lo mismo, la misma
los mismos, las mismas

Ya no parece el *mismo*.
Sigo siendo la *misma*.
Mañana ya no será lo *mismo*.
Siempre vienen los *mismos*.
Siempre vienen las *mismas*.

Hay que prestar especial atención, pues se puede confundir el determinante sustantivado que acabamos de ver con el que es determinante:

Me lo dijo él *mismo*
Me lo dijo el *mismo*

En el caso (1) *mismo* es determinante y se refiere a que quien lo dijo fue él en persona y no otro.

En el caso (2) *mismo* está sustantivado mediante el artículo *el,* significando que quien lo dijo fue la misma persona.

7. Determinante distributivo

Son dos los determinantes distributivos: *cada y sendos/ sendas.*

7.1. *Cada*

No varía, siempre permanece en la forma *cada.*

Cada persona es un mundo.
Cada diez años me suben el sueldo.
Cada oveja con su pareja.

Vemos en los dos ejemplos que *cada* no varía aunque en el primer caso acompaña a un nombre femenino singular *(persona)*, en el segundo ejemplo a un nombre masculino plural *(años)*, en el tercero a un nombre femenino singular *(oveja)*. Puede aparecer junto a todos los cardinales, menos con *un, una*.

*Cada un día.
*Cada una semana.

Queda, pues, claro que no es posible la formación *cada* + *un, una*. Con el resto de numerales cardinales puede aparecer:

Cada dos días tengo que ir al médico.
Cada tres semanas mi hija se va con su padre.

Aunque *cada* no puede aparecer junto a *un, una*, sí que puede hacerlo junto a *uno, una*:

Que *cada* uno haga lo que tenga que hacer.

Advertencia:
- Es incorrecto: *voy al colegio cada día
- Es correcto: voy al colegio todos los días

7.2. *Sendos, sendas*

En primer lugar definamos *sendos, sendas: 'uno o una para cada cual de dos o más personas o cosas'* (Diccionario de la Real Academia Española).

Los ingenieros del grupo A presentaron *sendos* proyectos de fin de carrera.

Quiere decir el ejemplo que *cada* ingeniero del grupo A presentó un trabajo.
El determinante *sendos, sendas* sólo se puede usar en plural.

8. Determinante interrogativo

Singular y plural	Plural	Singular	Plural	Plural
masculino y femenino	masculino	masculino	femenino	femenino
qué	cuánto	cuántos	cuánta	cuántas

Como todo determinante, éste ha de acompañar también a un nombre, y en este caso siempre lo precede.

> ¿*qué* hora es?
> ¿*qué* relojes tienes?
> ¿*cuánto* tiempo tienes?
> ¿*cuántas* mujeres han venido?
> ¿*cuántos* hijos tienes?
> ¿*cuánta* cantidad has tomado?

Si cualquiera de los determinantes antes señalados como interrogativos aparecen sin acompañar a un nombre, no serán ya determinantes, sino pronombres:

> ¿*Qué* haces?
> ¿*Qué* pasa?
> ¿*Cuánto* cuesta?
> ¿*Cuántos* quedan?
> ¿*Cuántas* sobran?

Siempre que sea interrogativo llevará acento, ya sea determinante, ya sea pronombre.

9. Determinante exclamativo

Singular y plural	Singular	Plural	Singular	Plural
masculino y femenino	masculino	masculino	femenino	femenino
qué	cuánto	cuántos	cuánta	cuántas

Siempre precede al sustantivo:

¡Qué frío!
¡Cuánto amor!
¡Cuánta lluvia!
¡Cuántos niños han venido!
¡Cuántas niñas han venido!

Puede actuar como pronombre en cuyo caso no acompaña a un nombre sino que va solo:

¡qué sabrás tú!
¡cuántos perdiste!

Cuánto admite el sufijo *–ísimo: ¡cuántisimo!*, y puede actuar, no como pronombre, sino como adverbio: *¡cuánto* has bebido!

10. Determinante relativo

Es habitual encontrar *cuyo, cuya, cuyos, cuyas* definidos o clasificados como pronombres relativos. Sin embargo, *cuyo/a(s)* no puede ser nunca pronombre porque siempre ha de acompañar a un nombre:

Los niños, *cuyos* llantos alertaron a la policía, han sido rescatados.
La mujer, de *cuyo* apellido no logro acordarme, está en la oficina.

Por lo tanto ha de considerarse siempre y en todos los casos un determinante relativo. Relativo, porque tal y como veremos en el capítulo correspondiente introduce proposiciones relativas.

Ejercicios

1. Señale los determinantes que haya en el texto. Identifique el tipo.

A lo largo de medio siglo, las burguesas de Pont-l'Évêque le envidiaron a madame Aubain su criada Felicidad.

Por cien francos al año, guisaba y hacía el arreglo de la casa, cosía, lavaba, planchaba, sabía embridar un caballo, engordar las aves de corral, mazar la manteca, y fue siempre fiel a su ama, que sin embargo no siempre era una persona agradable.

Madame Aubain se había casado con un mozo guapo y pobre, que murió a principios de 1809, dejándole dos hijos muy pequeños y algunas deudas. Entonces madame Aubain vendió sus inmuebles, menos la finca de Toucques y la de Greffosses, que rentaban a lo sumo cinco mil francos, y dejó la casa de Saint-Melanie para vivir en otra menos dispendiosa que había pertenecido a sus antepasados y estaba detrás del mercado.

Esta casa, revestida de pizarra, se encontraba entre una travesía y una callecita que iba a para al río. En el interior había desigualdades de nivel que hacían tropezar. Un pequeño vestíbulo separaba la cocina de la sala donde madame Aubain se pasaba el día entero, sentada junto a la ventana en un sillón de paja. Alineadas contra la pared, pintadas de blanco, ocho sillas de caoba. Un piano viejo soportaba, bajo un barómetro, una pirámide de cajas y de carpetas. [...]

En el primer piso, en primer lugar, el cuarto de 'Madame', muy grande, empapelado de un papel de flores pálidas y, presidiendo el retrato de 'Monsieur' en atavío de petimetre. Esta sala comunicaba con otra habitación más pequeña, en la que había dos camas sin colchones. Después venía el salón, siempre cerrado, y abarrotado de muebles cubiertos con fundas de algodón.

Fragmento del relato *Un alma de Dios*, Gustave Flauvert

2. Escriba tres oraciones en las que aparezca "mucho" con valor de determinante.

3. Escriba el, la, los, las según convenga en cada caso:

-_____carne

-_____pescado
-_____águila
-_____águilas
-_____manzana
-_____azúcares
-_____agua
-_____hada
-_____azúcar

4. **Escriba una oración con cada demostrativo.**

5. **Use el determinante que considere más adecuado en cada espacio en blanco:**

-_____camisa es peor que ésta.

-Aquella niña de allí se parece mucho a _____otra niña de aquí.

-_____que quiera salir al recreo que levante_____mano.

-_____verano haremos lo mismo que el verano pasado.

-En _____situación como ésta es preferible conservar _____calma.

-No quiero que uses_____cepillo, prefiero que utilices este otro.

-_____vida aquí es muy emocionante, siento que estoy viviendo una aventura constante.

6. **Ponga determinante, artículo determinado o indeterminado donde sea necesario, teniendo en cuenta que no siempre lo es:**

-_____Real Madrid es _____ equipo español con más adeptos. _____jugadores de este equipo lo saben muy bien.

-_____Juana es mi prima, y la quiero mucho. También a su hija que es _____niña más buena del mundo. _____dos son muy buenas.

-_____policía que me tomó los datos cuando puse la denuncia ha resultado ser_____hijo de _____Petra, _____amiga de mi madre.

-Le dije que _____profesor de matemáticas era _____profesor más amable del colegio. Vanesa no me creyó y por eso ha ido a comprobar mis palabras. _____Bertín, que así se llama el profesor en cuestión, recibió a mi amiga, y lo hizo con _____amabilidad que le

51

caracteriza. Así que finalmente _____Vanesa ha tenido que darme_____razón.

-_____señora Gómez está aquí. ¿Puede pasar ya a _____consulta?

-En _____Guadalquivir los peces se están muriendo.

-Me encanta veranear en _____Palma de Mallorca.

-¿Irás entonces a _____Europa?

-En _____Palmas el clima es estupendo, por eso siempre estoy deseando irme allí, y eso que _____avión me aterra.

-Europa de los años 40 era muy distinta a Europa de años 90.

Soluciones

1.

Por <u>cien</u> *francos al año, guisaba y hacía* <u>el</u> *arreglo de* <u>la</u> *casa, cosía, lavaba, planchaba, sabía embridar* <u>un</u> *caballo, engordar* <u>las</u> *aves de corral, mazar* <u>la</u> *manteca, y fue siempre fiel a* <u>su</u> *ama, que sin embargo no siempre era* <u>una</u> *persona agradable.*

Madame Aubain se había casado con <u>un</u> *mozo guapo y pobre, que murió a principios de 1809, dejándole* <u>dos</u> *hijos muy pequeños y* <u>algunas</u> *deudas. Entonces madame Aubain vendió* <u>sus</u> *inmuebles, menos* <u>la</u> *finca de Toucques y* <u>la</u> *de Greffosses, que rentaban a* <u>lo</u> *sumo cinco mil francos, y dejó* <u>la</u> *casa de Saint-Melanie para vivir en otra menos dispendiosa que había pertenecido a* <u>sus</u> *antepasados y estaba detrás del mercado.*

<u>Esta</u> *casa, revestida de pizarra, se encontraba entre* <u>una</u> *travesía y* <u>una</u> *callecita que iba a parar al río. En* <u>el</u> *interior había desigualdades de nivel que hacían tropezar.* <u>Un</u> *pequeño vestíbulo separaba* <u>la</u> *cocina de* <u>la</u> *sala donde madame Aubain se pasaba* <u>el</u> *día entero, sentada junto a* <u>la</u> *ventana en* <u>un</u> *sillón de paja. Alineadas contra* <u>la</u> *pared, pintadas de blanco,* <u>ocho</u> *sillas de caoba.* <u>Un</u> *piano viejo soportaba, bajo* <u>un</u> *barómetro,* <u>una</u> *pirámide de cajas y de carpetas. [...]*

En el <u>primer</u> *piso, en* <u>primer</u> *lugar,* <u>el</u> *cuarto de 'Madame', muy grande, empapelado de* <u>un</u> *papel de flores pálidas y, presidiendo,* <u>el</u> *retrato de 'Monsieur' en atavío de petimetre.* <u>Esta</u> *sala comunicaba con* <u>otra</u> *habitación más pequeña, en* <u>la</u> *que había* <u>dos</u> *camas sin colchones. Después venía* <u>el</u> *salón, siempre cerrado, y abarrotado de muebles cubiertos con fundas de algodón.*

Cien: determinante numeral cardinal.

52

El: determinante artículo determinado.
La: determinante artículo determinado.
Un: determinante artículo indeterminado.
Las: determinante artículo determinado.
Su: determinante posesivo.
Una: determinante artículo indeterminado.
Dos: determinante numeral cardinal.
Algunas: determinante indefinido.
Sus: determinante posesivo.
Lo: determinante artículo determinado.
Sus: determinante posesivo.
Esta: determinante demostrativo.
Una: determinante artículo indeterminado.
Ocho: determinante numeral cardinal.
Primer: determinante numeral ordinal.
Otra: determinante indefinido.
Dos: determinante numeral cardinal.

2.

Hay *mucho* listo aquí.
Te encuentras *mucho* ladrón suelto.

3.

-*la* carne
-*el* pescado
-*el* águila
-*las* águilas
-*la* manzana
-*el* agua
-*el* hada
-*las* hadas
-*el* azúcar
-*los* azúcares

4.

Este niño es muy guapo.
Esta señora no es mi madre.
Estos caramelos son ácidos.
Estas personas han venido a verte.
Ese jersey no es tuyo.
Esa flor me gusta.

53

Esos libros están desordenados.
Esas cortinas están muy sucias.
Aquel hombre se ha saltado el STOP.
Aquella casa es nueva.
Aquellos tiempos fueron buenos tiempos.
Aquellas clases nos sirvieron de mucho.

5.

-Esa camisa es peor que ésta.
-Aquella niña de allí se parece mucho a esta otra niña de aquí.
-El que quiera salir al recreo que levante la mano.
-Este verano haremos lo mismo que el verano pasado.
-En una situación como ésta es preferible conservar la calma.
-No quiero que uses este cepillo, prefiero que utilices este otro.
-La vida aquí es muy emocionante, siento que estoy viviendo una aventura constante.

6.

-El Real Madrid es el equipo español con más adeptos. Los jugadores de este equipo lo saben muy bien.
-_____Juana es mi prima, y la quiero mucho. También a su hija que es la niña más buena del mundo. Las dos son muy buenas.
-El policía que me tomó los datos cuando puse la denuncia ha resultado ser el hijo de _____Petra, la amiga de mi madre.
-Le dije que el profesor de matemáticas era el profesor más amable del colegio. Vanesa no me creyó y por eso ha ido a comprobar mis palabras. _____ Bertín, que así se llama el profesor en cuestión, recibió a mi amiga, y lo hizo con la amabilidad que le caracteriza. Así que finalmente _____Vanesa ha tenido que darme la razón.
-La señora Gómez está aquí. ¿Puede pasar ya a la consulta?
-En el Guadalquivir los peces se están muriendo.
-Me encanta veranear en _____Palma de Mallorca.
-¿Irás entonces a _____Europa?
-En Las Palmas el clima es estupendo, por eso siempre estoy deseando irme allí, y eso que el avión me aterra.
-La Europa de los años 40 era muy distinta a la Europa de los años 90.

(Aclaración: los espacios que quedan en blanco es porque ahí no puede haber determinante).

54

Capítulo III

El adjetivo

1. El adjetivo

Antes de comenzar con el adjetivo conviene explicar que el adjetivo puede ser calificativo o determinativo. De tal manera que nadie se extrañe si encuentra el determinante nombrado como adjetivo determinativo. Es en cualquier caso lo mismo.

2. Calificativo y determinativo

El adjetivo calificativo califica al nombre, diciendo así alguna cualidad del mismo, como por ejemplo: perro *negro*, chico *alto*, mujer *guapa*, hombre *moreno*.

Además de calificar puede también indicar el origen (*madrileño*) o la pertenencia del sustantivo *(producto químico)*, pero en esto profundizaremos más adelante en *Tipos de adjetivos según su significado,* apartado incluido en este mismo capítulo.

El adjetivo determinativo ya ha quedado explicado en el capítulo anterior (capítulo II: El determinante), con la denominación de determinante. Si se incluye aquí es porque se puede encontrar denominado de ambas formas, y el lector debe saberlo, pues en no pocas ocasiones se generan dudas por cuestiones de terminología.

Quede claro, pues, que cuando se haga referencia al determinante se hace referencia al adjetivo determinativo. Algunos gramáticos optan por esta última denominación. Que no dé lugar a confusión la posibilidad de encontrarlo denominado de las dos maneras. Sin embargo, en esta gramática se opta por la denominación de determinante y la de adjetivo para el calificativo.

3. El adjetivo calificativo

El adjetivo calificativo ha de concordar siempre en género y número con el nombre al que acompaña. No podemos decir *niña feas* porque el adjetivo *feas* está en plural mientras que el nombre está en singular y el adjetivo ha de estar siempre en el mismo número y género que el sustantivo, razón por la que tampoco es posible: *niño feas*. Lo correcto, pues, es que el adjetivo esté en femenino plural que es el género y el número del nombre al que acompaña: *niñas feas*.

El adjetivo calificativo es una palabra que como su propio nombre indica: califica al nombre que acompaña. Puede anteponerse o posponerse.

La niña <u>alta</u> es mi hija.

La <u>bella</u> mujer caminaba con una elegancia excepcional.

En el primer ejemplo el adjetivo (*alta*) se pospone al sustantivo, mientras que en el segundo ejemplo se antepone.

No obstante, hay algunos casos en los que dependiendo de si el adjetivo va antepuesto o pospuesto su significado varía.

Juan es un hombre <u>triste.</u>

Juan es un <u>triste</u> hombre.

En el primer caso, *Juan* tiene un sentimiento de tristeza, y en el segundo *Juan* parece un hombre sin interés para el hablante.

Es una <u>pobre</u> mujer.

Es una mujer <u>pobre</u>.

En el primer ejemplo *pobre* significa 'desgraciada', mientras que en el segundo *pobre* significa 'pobreza'.

4. Género

Aunque el adjetivo debe concordar siempre con el nombre al que acompaña en género (y número), adoptando así el género que lleve el mismo, hay algunos adjetivos que son invariables en su género: *alegre, triste, feliz, joven, mayor, locuaz, perspicaz, verde, marrón...*

Quiero el jersey marrón.

Quiero la falda marrón.

Él es un hombre perspicaz.

Ella es una mujer perspicaz.

Es un niño triste.

Es una niña triste.

Es un chico joven.

Es una chica joven.

Es un hombre mayor.

Es una mujer mayor.
Ana es una mujer locuaz.
Pedro es un hombre locuaz.
Carlos es un chico alegre.
Tatiana es una chica alegre.

Queda de manifiesto en los ejemplos que los citados adjetivos son invariables en cuanto al género, pues no lo varían aunque varíe el del sustantivo al que acompañan. *Chico,* por ejemplo, es un nombre masculino, y *chica,* femenino, y ambos van acompañados por el adjetivo *triste,* sin que éste varíe su forma. Igual sucede en los restantes ejemplos.

Así que el adjetivo variará su género para concordar con el nombre al que acompañe cuando sea posible.

mujer alta
hombre alto
niño guapo
niña guapa

En estos ejemplos el adjetivo cambia de género, porque posee distintas terminaciones para ello.

5. Número

En cuanto al número, el adjetivo no presenta problema alguno, pues posee singular y plural, pudiendo así acomodarse al número del nombre que acompaña.

(1). *Los niños _malos_ serán castigados por la profesora.*
(2). *El niño _malo_ será castigado por la profesora.*

En el ejemplo (1) el nombre es plural *(chicos)* por lo que el adjetivo es plural también *(malos).* En el ejemplo (2) el nombre es singular *(chico),* el adjetivo también *(malo).* Si la concordancia no fuera respetada se incurriría en errores del tipo:

*los niños malo...
*el niño malos...

Hay algunos casos, pocos, de adjetivos que sólo existen en plural, en cuyo caso, evidentemente, no podrá cambiar el número, aunque el nombre al que acompaña sí lo haga.

He ganado un viaje gratis.
He ganado dos viajes gratis.

Gratis es un adjetivo que siempre permanece en plural aunque el nombre al que acompañe sea singular.

6. Tipos de adjetivos según su significado

La clasificación del adjetivo según su significado es la siguiente:

Calificativos

Dicen algo que califica al nombre que acompañan.

La novia de Carlos es una hermosa mujer.
Hermosa califica al nombre *mujer*, dice una cualidad del mismo.
La amiga de Ángela es una mala persona.
Mala califica al nombre *mujer*.

De pertenencia

Indican la clase a la que pertenece el nombre.

Ése es un producto químico.
Se trata de un problema social.

En los ejemplos los adjetivos *químico* y *social* nos informan acerca del tipo de nombre que acompaña, esto es, el tipo de producto en el primer caso, el tipo o clase de problema en el segundo.

Gentilicios

madrileño, canario, andaluz, argentino, costarricense, mexicano, gallego...

7. Adjetivos especificativos y adjetivos explicativos

Esta distinción entre adjetivos especificativos y adjetivos explicativos obedece a lo siguiente:

Adjetivo explicativo

Dice algo del nombre que es propio del mismo: *luna blanca, verde hierba, brillante sol, blanca nube...*

Puede aparecer antepuesto y pospuesto al nombre pero lo habitual es que su posición sea la antepuesta.

Adjetivo especificativo

Dice algo del nombre que lo diferencia: *desagradable sorpresa, manso animal, buena persona...*

Puede aparecer pospuesto y antepuesto al nombre, pero lo habitual es que su posición sea la pospuesta.

(1) *La blanca nieve lo cubría todo.*
(2) *Dame la camisa azul.*

Es evidente que en el primer caso el adjetivo describe algo del nombre que es propio del mismo, pues la luna siempre es blanca, mientras que en el segundo ejemplo: *la camisa azul*, no es algo evidente o propio de todas las camisas que sean azules, pues pueden ser de cualquier color, así que en este caso sirve el adjetivo para diferenciar al nombre. *Dame una camisa azul*, aclara que es una camisa en concreto la que se está pidiendo, la azul y no otra. Estos adjetivos se denominan adjetivos especificativos, mientras que los que se limitan a describir algo propio del sustantivo, la luna blanca, se denominan adjetivos explicativos.

En las siguientes oraciones vemos algunos ejemplos más:
La *blanca* nieve cubría nuestro jardín. (Adjetivo explicativo)
He tomado la falda *negra*. (Adjetivo especificativo)
El cielo *azul* era su único techo. (Explicativo)
El chico *guapo* me pidió una cita. (Especificativo)
No era más que un *pobre* hombre. (Especificativo)

8. Grado comparativo y grado superlativo

El adjetivo calificativo admite gradación, esto es, que puede expresar una cualidad en distinto grado.

Los grados son los siguientes:

a) El <u>grado positivo:</u> es el adjetivo sin gradación: *mar azul, nube blanca, niño bueno, mujer mala, hombre listo...*

b) El <u>grado comparativo:</u> es el grado mediante el que se expresa la comparación entre dos o más sustantivos: *ella es mayor que Juan.* En el ejemplo se establece una comparación entre *ella* y *Juan* mediante el adjetivo en grado comparativo *mayor.*

c) El <u>grado superlativo:</u> expresa la cualidad en su máximo grado: *él es mayorcísimo/ el más mayor/ muy mayor.*

8.1. *Grado comparativo*

Dentro del grado comparativo pueden establecerse distintos grados de comparación:

De igualdad	De superioridad	De inferioridad
tan... como	más... que	menos... que
igual... que		
<u>tan</u> listo <u>como</u> él	<u>más</u> listo <u>que</u> él	<u>menos</u> listo <u>que</u> él

De igualdad

Eres <u>tan</u> listo <u>como</u> él.
Eres <u>tan</u> guapo <u>como</u> él.

Mediante *tan... como* se establece la comparación de igualdad entre 'tú' y 'el', que son los dos términos de comparación en los ejemplos expuestos. El adjetivo queda cuantificado mediante *más* y el segundo término de la comparación queda introducido por *que.* Mediante *igual... que* también se forma la comparación de igualdad.

Eres <u>igual</u> de guapo <u>que</u> él.
Ellos son <u>tan</u> vanidosos <u>como</u> vosotros.
Vosotros sois <u>igual</u> de vanidosos <u>que</u> nosotros.
Rosa es <u>tan</u> alta <u>como</u> Marta.
Benito es <u>igual</u> de rápido <u>que</u> yo.

De superioridad

Mediante *más ＿＿ que* se forma la comparación de superioridad.

Eres __más__ guapa __que__ él.

El mecanismo es similar al de igualdad, pues *más* cuantifica al adjetivo que establece la comparación y *que* introduce el segundo término de la comparación.

Ellos son __más__ bajos __que__ nosotros.
Beatriz y Jacobo son __más__ puntuales __que__ Berta y Rodrigo.
Inés es __más__ atractiva __que__ su hermana.
Julián es __más__ mentiroso __que__ tú.

De inferioridad

Mediante las partículas *menos* .... *que* y el adjetivo en medio se forma la comparación de inferioridad.

Eres __menos__ guapa __que__ ella.

El mecanismo sigue siendo el mismo, pues mediante *menos* se cuantifica al adjetivo que establece la comparación entre dos términos, el primero encabeza la oración y el segundo va introducido por *que*.

Mi prima es __menos__ trabajadora __que__ yo.
Tu padre es __menos__ interesado __que__ el mío.
Ellos son __menos__ locuaces __que__ vosotros.
Nosotros somos __menos__ importantes __que__ ellos.

Advertencia

Existen adjetivos que ya son comparativos, no necesitando así las partículas ahora mencionadas. Es el caso de *mayor, menor, mejor, peor, inferior, superior*. Al no necesitar tales partículas mediante las que se establece la comparación, por ser ya comparativos en su forma, es incorrecto ponerlas con los adjetivos antes señalados.

Es, por consiguiente, incorrecto:
*más menor
*menos menor
*tan menor
*más mayor
*menos mayor

*tan mayor
*más mejor
*menos mejor
*tan mejor
*más peor
*menos peor
*tan peor

Así pues no debe olvidar el lector que los adjetivos *mayor, menor, superior, inferior, mejor, peor* no admiten gradación, no pudiendo por ello aparecer con partículas de comparación.

8.2. Grado superlativo

Mediante el superlativo expresamos una cualidad en su grado máximo o en un grado muy alto.

Juan es altísimo o muy alto.
Beatriz es tontísima o muy tonta.
Ana es la más guapa.

Hay dos tipos de superlativos:

a) Superlativo absoluto

b) Superlativo relativo

• El superlativo absoluto se forma mediante *muy* + adjetivo, o añadiendo *–ísimo, -érrimo*.

Él es <u>muy educado.</u>
Él es <u>educadísimo.</u>

Que se añada *–érrimo* o *–ísimo* al adjetivo para formar el adjetivo es algo que depende del adjetivo mismo:
pobre: paupérrimo
célebre: celebérrimo
guapo: guapísimo
bella: bellísima

Existen alternancias, es decir que admiten las dos terminaciones *–érrimo, –ísmo* en los siguientes adjetivos:

Cruel: cruelísimo y crudelísimo
Amigo: amicísimo y amiguísimo
Fuerte: fortísimo y fuertísimo
Bueno: buenísimo y bonísimo

• El superlativo relativo se forma así:

Sonia es la más lista.
Pedro es el más atractivo.
Juan es el más inteligente.
Virginia es la más sensata.

De la misma manera que existen adjetivos en grado comparativo no necesitando así las partículas comparativas, existen adjetivos que ya son superlativos:

óptimo, pésimo, mínimo, ínfimo, supremo

8.3. *Adjetivos superlativos y adjetivos comparativos*

En la siguiente tabla vemos reflejados aquellos adjetivos que no requieren partículas comparativas por poseer formas comparativas y superlativas, así como los adjetivos de los que derivan:

Grado positivo	Grado comparativo	Grado superlativo
bueno	mejor	óptimo
malo	peor	pésimo
pequeño	menor	mínimo
grande	mayor	máximo
bajo	inferior	ínfimo
alto	superior	supremo

En cuanto a estos adjetivos hay que decir que el hecho de que posean formas en grado comparativo y superlativo no significa que en todos los contextos deban aparecer las señaladas. En el enunciado *Juan es más alto que Bertín* no podemos decir *Juan es superior a Bertín*, porque no se refiere al grado, sino a la altura. Así sucede en los otros casos, por lo que no debe confundirse el lector al observar la tabla expuesta, y pensar que siempre ha de utilizarse de la forma en que aparece en la tabla, pues dependerá del contexto.

9. Sustantivación del adjetivo/metábasis

La sustantivación del adjetivo, también llamada metábasis, se produce cuando el adjetivo deja de funcionar como adjetivo para hacerlo como sustantivo. En ese caso llevará determinante, pues es el determinante quien sustantiva al adjetivo.

Dame la roja (refiriéndose, por ejemplo, a una manzana).
Ha llegado la nueva (refiriéndose, por ejemplo, a la compañera de trabajo).

En el capítulo del determinante vimos que el artículo determinado *lo* nunca acompañaba a un nombre, por carecer el español de nombres neutros. Pues bien, con el adjetivo sustantivado, tal y como vimos, sí puede aparecer y de hecho aparece para sustantivarlo:

lo nuevo de Ana Belén
lo antiguo está de moda
lo bueno si breve dos veces bueno

Ejercicios

1. Reconozca los adjetivos del texto, y analícelos morfológicamente (clase, género, número):

Quiero escribir algo acerca de un suceso triste; pero veo delante de mí la cara alegre del señor Vojtisek; esa cara sana y brillante y siempre encarnada, que los domingos especialmente, recordaba a la carne asada, rociada con manteca fresca, que tanto me gusta. Pero también los sábados (el señor Vojtisek no se afeitaba más que los domingos), cuando había vuelto a crecerle la barba blanca, como nata espesa que adornaba su cara apetitosa, ofrecía al señor Vojtisek un simpático aspecto. También tenían ciertos atractivos sus cabellos. No poseía muchos en realidad; empezaban debajo de la redonda calva y eran bastante canosos; unos casi ya de color de plata y otros tirando ligeramente a amarillo; pero eran finos como la seda y rodeaban delicadamente su cabeza. El señor Vojtisek llevaba su gorra siempre en la mano y se cubría a lo más cuando tenía que pasar por un sitio soleado. En total, me gustaba el señor Vojtisek mucho; sus ojos azules brillaban alegremente y toda su cara era como un ojo muy redondo, todo sinceridad.

El señor Vojtisek era mendigo. Lo que había sido antes no lo sé. Pero a juzgar por lo que conozco de la Malá Strana debía de ser un mendigo antiguo, y a juzgar por su saludo podía seguir ejerciendo su profesión mucho tiempo. Su edad era fácil saberla aproximadamente. Una vez le vi paseándose con pasos menudos por la colina de San Juan, calle Ostruha arriba; vio al policía Simr, que arrimado a la balaustrada tomaba el sol, y se acercó a él. El señor Simr era un policía gordo, tan gordo, que su frac de color gris amenazaba siempre con estallar.

Fragmento del relato
La mujer que redujo al mendigo a la miseria, Jan Neruda

2. Forme los comparativos y superlativos de: bueno, malo, pequeño, grande, bajo, alto.

3. Forme el superlativo relativo y el superlativo absoluto de:

listo, guapa, delgado, cariñosa, amable, simpático, fea, lindo.

4. Señale en las siguientes oraciones los adjetivos y los adjetivos

sustantivados:

-La niña alta es mi hija.

-La nueva acaba de llegar y ya se ha ligado a Juan.

-Sólo iré si va tu amigo, el guapo.

-No puedes comerte la manzana roja.

-Pues dame la verde.

5. Forme el superlativo absoluto de:

fuerte, bueno, reciente, tierno

6. Ponga algún ejemplo de superlativo formado con –*érrimo*.

7. Identifique los adjetivos y clasifíquelos según su significado:

-Anastasia es una mujer madrileña.

-Beatriz pertenece a una clase social que nosotras desconocemos.

-Eres una bonita niña.

-Jacobo es un hombre canario, que tiene los ojos verdes y el pelo negro.

-Ana tiene tres hijos: una niña argentina y dos niños andaluces.

-¿Tienes un primo guatemalteco?

8. Ponga los siguientes adjetivos donde convenga:

rojo, guatemalteca, hermoso, redonda, literaria, negro, feliz, agradable, tinto, mayor, entumecidos, travieso, honrada, pequeño, canoso, negro.

-Juana es una tía de Alberto, que tiene una cara tan _____ como un balón de fútbol.

-El color_____te sienta mucho mejor que el negro.

-Llevas una falda muy _____. No creo que sea adecuada para un funeral.

-¿Por qué lleva Ernesto el pelo tan_____? Parece una chica.

-Joaquina es_____, pero su madre es gallega.

-El frío me deja los pies_____, por eso no quiero salir hoy a la calle.

-Pedrito es un niño muy_____, por eso está castigado casi siempre.

-Mi hermana es una mujer _____, por eso el jefe no teme dejarla sola en la tienda. Sabe que no robará nada de la caja.

-¡Qué día tan_____! Dan ganas de pasarse toda la maña-
na en la calle, tomando el sol.
-¿Te gustaría que tu pelo_____ fuera rubio?
-¿Quieres un bocadillo grande o _____?
-Tener el pelo_____suele hacer a la gente parecer
_____.
-El vino banco me sienta peor que el vino_____.
-Tu mujer es muy bella, pero no es muy _____.
-Esta tarde habrá una tertulia_____ en el Café Gijón,
se hablará sobre la poesía de Pablo Neruda.
-Tuve una infancia_____, por eso me gusta recordarla.

9. Escribe los gentilicios de:

-México:	-Uruguay:
-Guatemala:	-Burgos:
-España:	-Santander:
-Italia:	-Córdoba:
-Francia:	-Costa Rica:
-Asia:	-Canadá:
-América:	-Argentina:
-China:	-África:
-Japón:	-Portugal:

Soluciones

1.

*Quiero escribir algo acerca de un suceso _triste_; pero veo delante
de mí la cara _alegre_ del señor Vojtisek; esa cara _sana_ y _brillante_ y
siempre _encarnada_, que los domingos especialmente, recordaba a la
carne _asada_, rociada con manteca_fresca_, que tanto me gusta. Pero
también los sábados —el señor Vojtisek no se afeitaba más que los
domingos—, cuando había vuelto a crecerle la barba _blanca_, como
nata _espesa_ que adornaba su cara _apetitosa_, ofrecía al señor
Vojtisek un _simpático_ aspecto. También tenían ciertos atractivos sus
cabellos. No poseía muchos en realidad; empezaban debajo de la
redonda calva y eran bastante _canosos_; unos casi ya de color de
plata y otros tirando ligeramente a _amarillo_; pero eran _finos_ como
la seda y rodeaban delicadamente su cabeza. El señor Vojtisek lle-*

vaba su gorra siempre en la mano y se cubría a lo más cuando tenía que pasar por un sitio _soleado_. En total, me gustaba el señor Vojtisek mucho; sus ojos _azules_ brillaban alegremente y toda su cara era como un ojo muy _redondo_, todo sinceridad.

El señor Vojtisek era mendigo. Lo que había sido antes no lo sé. Pero a juzgar por lo que conozco de la Malá Strana debía de ser un mendigo _antiguo_, y a juzgar por su saludo podía seguir ejerciendo su profesión mucho tiempo. Su edad era fácil saberla aproximadamente. Una vez le vi paseándose con pasos _menudos_ por la colina de San Juan, calle Ostruha arriba; vio al policía Simr, que arrimado a la balaustrada tomaba el sol, y se acercó a él. El señor Simr era un policía _gordo_, tan _gordo_, que su frac de color _gris_ amenazaba siempre con estallar.

- _Triste:_ adjetivo calificativo, singular, carece de terminaciones de género, es invariable en cuanto al mismo.
- _Alegre:_ adjetivo calificativo, singular, género invariable.
- _Sana:_ adjetivo calificativo, femenino, singular.
- _Brillante:_ adjetivo calificativo, singular, género invariable.
- _Encarnada/ asada/ fresca/ blanca/ espesa/ apetitosa:_ adjetivo calificativo, femenino, singular.
- _Simpático:_ adjetivo calificativo, masculino singular.
- _Redonda:_ adjetivo calificativo, femenino, singular.
- _Canosos/ finos/ amarillos:_ adjetivo calificativo, masculino, plural.
- _Soleado:_ adjetivo calificativo, masculino, singular.
- _Azules:_ adjetivo calificativo, plural, género invariable.
- _Redondo/ antiguo:_ adjetivo calificativo, masculino, singular.
- _Menudos:_ adjetivo calificativo, masculino, plural.
- _Gordo:_ adjetivo calificativo, masculino, singular.
- _Gris:_ adjetivo calificativo, singular, masculino porque género invariable.

2.

	Comparativo	_Superlativo_
Bueno	mejor	óptimo
Malo	peor	pésimo
Pequeño	menor	mínimo
Grande	mayor	máximo
Bajo	inferior	ínfimo
Alto	superior	supremo

3.

	Superlativo absoluto	*Superlativo relativo*
Listo	*Fabián es listísimo.*	*Fabián es el más listo.*
Guapa	*Bárbara es guapísima.*	*Bárbara es la más guapa.*
Delgado	*Joaquín está delgadísimo.*	*Joaquín es el más delgado.*
Cariñosa	*Mi hija es cariñosísima.*	*Mi hija es la más cariñosa.*
Amable	*Tu prima es amabilísima.*	*Tu prima es la más amable.*
Simpático	*Silvio es simpatiquísmo.*	*Silvio es el más simpático.*
Fea	*Berta es feísima.*	*Berta es la más fea.*
Lindo	*Es un gesto lindísimo.*	*Es el gesto más lindo.*

4.

	Superlativo absoluto
Fuerte	fortísimo
Bueno	bonísimo
Reciente	recentísimo

5.

El adjetivo especificativo es el que dice algo del sustantivo de lo que no se puede prescindir: *quiero la camisa amarilla.*

El adjetivo explicativo añade algo al sustantivo, pero que no es imprescindible: *la blanca luna me atrae.*

6.

Paupérrimo (pobre), misérrimo (mísero), pulquérrimo (pulcro)...

7.

madrileña: gentilicio/ social: de pertenencia/ bonita: calificativo/ canario: gentilicio; guapa: calificativo; negro: calificativo/ argentina, andaluces: gentilicios

8.

-Juana es una tía de Alberto, que tiene una cara tan redonda como un balón de fútbol.

-El color rojo te sienta mucho mejor que el negro.

-Llevas una falda muy corta. No creo que sea adecuada para un funeral.

-¿Por qué lleva Ernesto el pelo tan largo? Parece una chica.

-Joaquina es <u>guatemalteca</u>, pero su madre es gallega.

-El frío me deja los pies <u>entumecidos</u>, por eso no quiero salir hoy a la calle.

-Pedrito es un niño muy <u>travieso</u>, por eso está castigado casi siempre.

-Mi hermana es una mujer <u>honrada</u>, por eso el jefe no teme dejarla sola en la tienda. Sabe que no robará nada de la caja.

-¡Qué día tan <u>hermoso</u>! Dan ganas de pasarse toda la mañana en la calle, tomando el sol.

-¿Te gustaría que tu pelo fuera <u>negro</u>?

-¿Quieres un bocadillo grande o <u>pequeño</u>?

-Tener el pelo <u>canoso</u> hace que parezcas <u>mayor</u>.

-El vino banco me sienta peor que el vino <u>tinto</u>.

-Tu mujer es muy bella, pero no es muy <u>agradable</u>.

-Esta tarde habrá una tertulia <u>literaria</u> en el Café Gijón, se hablará sobre la poesía de Pablo Neruda.

-Tuve una infancia <u>feliz</u>, por eso me gusta recordarla.

9.

-México: mexicano(a)
-Guatemala: guatemalteco(a)
-España: español(a)
-Italia: italiano(a)
-Francia: francés(a)
-Asia: asiático(a)
-China: chino(a)
-Japón: japonés(a)
-Uruguay: uruguayo (a)
-Costa Rica: costarricense
-Canadá: canadiense
-Argentina: argentino(a)
-África: africano(a)
-Portugal: portugués(a)
-América: americano(a)
-Francia: francés(a)
-Santander: santanderino(a)
-Burgos: burgalés(a)
-Córdoba: cordobés(a)

Capítulo IV

El pronombre

1. El pronombre

El pronombre es una clase de palabra que funciona en la oración como el nombre. Recordemos aquí que englobamos en el capítulo I dentro del sustantivo al nombre y al pronombre.

Veamos un ejemplo:

Pedro fue a su casa, agarró la mochila, y volvió a salir.
Él fue a su casa, agarró la mochila y volvió a salir.

Si *Pedro* ya ha sido nombrado con anterioridad, de tal manera que hablante y oyente saben ya que se refieren a él en su conversación, en lugar de *Pedro* usarán el pronombre *él,* tal y como se ve en el ejemplo (siempre y cuando el pronombre no se omita por sobreentenderse, algo habitual en nuestra lengua).

El pronombre funciona en la oración como el nombre, pero tiene sus propias características que lo diferencian del nombre, como por ejemplo, el hecho de que los pronombres no puedan aparecer con determinantes.

2. Clases de pronombres

A continuación se muestra una lista que incluye todas las clases de pronombres, que iremos estudiando y explicando en este capítulo. Las clases de pronombres son:

• Personales:
yo, tú, él, nosotros, vosotros, ellos...
• Posesivos:
mío, tuyo, suyo...
• Demostrativos:
éste, ése, aquél...
• Indefinidos:
mucho, poco, nada...
• Numerales:
uno, dos, tres...

- Relativos:
que, quien...
- Interrogativos:
qué, quién, cuál...
- Exclamativos:
qué, quién, cuál...

3. Pronombre personal

1ª persona del singular	*yo*	*me*	preposición +*mí*	*conmigo*
2ª persona del singular	*tú, vos, usted*	*te*	preposición+ti	*contigo*
3ª persona del singular	*él, ella, ello*	*se*	preposición +*sí*	*consigo*
1ª persona del plural	*nosotros, nosotras*	*nos*	preposición+ *nosotros(as)*	*(con) nosotros(as)*
2ª persona del plural	*vosotros, vosotras*	*os*	preposición + *vosotros(as)*	*(con) vosotros(as)*
3ª persona del plural	*ellos, ellas*	*se*	preposición +*sí*	*(con) ellos(as)*

La forma *vos* (incluida en la tabla junto a *tú, usted*) es propia de algunos lugares de Hispanoamérica en lugar de *tú*, es lo que se conoce con el nombre de *voseo*. Es una forma propia del tratamiento entre personas iguales. No se usa *vos* para tratar a personas jerárquicamente superiores. Para el tratamiento de respeto usan *usted*. Sin embargo, el plural siempre es *ustedes* ya sea tratamiento informal o de respeto.

Ejemplos de la primera fila de pronombres personales de la tabla:

yo, tú, el/ ella /ello/ usted, nosotros(as), vosotros(as), ellos(as):
   Yo como mucho.
   Tú comes poco.

Él/ella sale a veces.
Usted está invitado.
Nosotros(as) cantamos a menudo.
Vosotros(as) sois muy prudentes.

Ejemplos de la segunda fila:
me, te, se, nos, os, se:
    <u>*Me*</u> *gusta mucho tu camisa.*
    <u>*Te*</u> *dejaré mi bolso.*
    <u>*Se*</u> *lo he dado a mi tío.*
    <u>*Nos*</u> *van a dar veinte euros.*
    <u>*Os*</u> *van a invitar a café.*
    <u>*Se*</u> *los he regalado a ellos.*

Ejemplos de la tercera fila:
preposición + *mí/ti/sí/ nosotros(as)/ vosotros(as)/ ellos(as):*
    Eso es para <u>*mí.*</u>
    No te lo daré a <u>*ti.*</u>
    Lo han hecho por <u>*nosotros(as).*</u>
    Lo compraron para <u>*vosotros(as)*</u>*.*
    Se lo regalaron a <u>*ellos(as)*</u>*.*

Ejemplos de la cuarta fila:
conmigo, contigo, consigo, con nosotros(as), con vosotros(as), con ellos(as):
    Ven <u>*conmigo*</u>*.*
    Saldré a la calle <u>*contigo*</u>*.*
    Lo lleva <u>*consigo*</u>*.*
    Comieron con <u>*nosotros(as)*</u>*.*
    Bailaremos con <u>*vosotros(as)*</u>*.*
    Jugó con <u>*ellos(as)*</u>*.*

3.1. *Formas tónicas y formas átonas*

Dentro de los pronombres personales se establece la siguiente distinción:
-Formas tónicas
-Formas átonas

3.1.1. Formas tónicas

Singular

persona	pronombre (forma tónica)	ejemplos
1ª	yo	yo lo haré
	mí	dámelo a mí
	conmigo	cuenta conmigo
2ª	tú, (vos)	tú sabrás
	ti	es para ti
	contigo	estaré contigo
3ª	él, ella	él/ella viene
	sí	para sí mismo
	consigo	lo llevará consigo

Plural

persona	pronombre (forma tónica)	ejemplos
1ª	nosotros(as)	nosotros(as) iremos
2ª	vosotros(as)	vosotros(as) sabréis
3ª	ellos(as)	ellos(as) lloran

Las formas tónicas suelen omitirse por ser suficiente con el verbo para saber de qué persona se trata. En: *traigo la manta* queda claro que la persona que trae la manta soy *yo*, razón por la que el pronombre se omite.

(1). *Jugamos a la pelota.*
(2). *Iréis al parque esta tarde.*
(3). *Saldrán más tarde.*

En ninguno de los tres ejemplos está el pronombre de manera explícita, porque se sobreentiende.

En el ejemplo (1) no es necesario que aparezca *nosotros* porque sabemos por el verbo y su terminación *–mos* que somos *nosotros* quienes lo hacemos. Igual sucede en el ejemplo (2) y (3). El hecho de que no aparezcan no implica incorrección alguna.

Ahora bien, se dan casos en los que el pronombre personal tónico ha de aparecer necesariamente, como por ejemplo:

Fumaba constantemente.

En el ejemplo anterior no sabemos si quien fumaba constantemente era él, ella o yo, por lo que es necesario que haya pronombre:

Yo fumaba constantemente.
Tú fumabas constantemente.
Él fumaba constantemente.
Ella fumaba constantemente.

Como podemos observar en los ejemplos, son cuatro las alternativas, por lo que ha de especificarse con el pronombre quién es la persona que *fumaba*.

Resumiendo, podemos decir que el pronombre personal tónico aparecerá obligatoriamente cuando el verbo no aclare la persona, tal y como hemos visto en el ejemplo.

Otros ejemplos en los que la persona no quedaría clara sin el pronombre:

Corre (¿él, ella o tú?)
Canta (¿él, ella o tú?)

De hecho, dependiendo del pronombre podremos estar ante una orden:

Corre tú.
Canta tú.

O simplemente ante una información:

Él/ella corre (todos los días).
Ella/él canta (todos los días).

3.1.2. Formas átonas

Singular

persona	pronombre (forma átona)	ejemplos
1ª	me	¿me traes la manta?
2ª	te	te traeré la manta
3ª	lo	lo sé
	la	la conozco bien
	le	le dije la verdad
	se	se lo conté

Plural

persona	pronombre (forma átona)	ejemplos
1ª	nos	nosotros(as) iremos
2ª	os	vosotros(as) sabréis
3ª	los	los hemos visto antes
	las	las hemos visto antes
	les	les dijimos todo
	se	se lo dijimos

Las formas átonas (*me, te, le, lo(s), la(s), se, nos, os, se*) tienen una posición fija en la oración:

a) O preceden al verbo:

Lo veremos mañana.
La vimos en el concierto.
Le dimos las fotos.

b) O van inmediatamente después del verbo en cuyo caso el pronombre irá en posición enclítica (es decir, que se añade al verbo):

Cuéntalo ya.
Déjala pronto.
Págale el dinero.

c) Si aparece la forma átona *se* además de otro pronombre átono, este último tendrá que preceder al verbo:

Se lo conté.
Se lo dije.
Se lo regalé.

Vemos en el ejemplo que *lo* precede al verbo mientras que *se* precede a *lo*.

Exactamente igual sucede si ambas formas van enclíticas (se unen al verbo), es decir se posponen y se unen al mismo y en el mismo orden: 1ª *se*, 2ª *pronombre átono*. Ejemplos:

cuéntaselo, díselo, muéstraselo

3.1.2.1. Formas átonas en función de complemento directo y complemento indirecto. Loísmo, laísmo y leísmo

Las formas átonas *me, te, se, nos, os, se* pueden desempeñar las funciones de complemento directo y de complemento indirecto (para el complemento directo ver apartado 1.2., capítulo XVI):

• Complemente directo: *me miraron*.
• Complemento indirecto: *me dieron la caja*.

Estas formas nunca llevan preposición, siendo absolutamente incorrecto:

*a me miraron
*a me dieron la caja

Queda suficientemente ilustrado en los ejemplos la imposibilidad de que estas formas puedan llevar preposición.

Las formas átonas *lo* y *la* tienen especial dificultad, pues cuando se emplean mal vienen los problemas de *loísmo* y *laísmo*. Resulta imprescindible que sepan antes qué es un complemento directo, por lo que deben acudir al apartado 1.2. del capítulo XVI (ya citado antes) para poder proseguir con el estudio. Pues bien, aclarado esto, podemos decir lo siguiente: las formas *lo* y *la* siempre son complemento directo, por lo que emplearlas cuando no lo son provoca las incorrecciones denominadas *loísmo* y *laísmo*.

Ejemplos de *lo, la* como complementos directos, es decir usados correctamente:

tengo el lápiz: lo tengo
tengo la caja: la tengo

Si usáramos *lo, la* cuando es complemento indirecto estaríamos cometiendo *loísmo* (en el caso de ser *lo*) y *laísmo* (en el caso de *la*).

Ejemplos de *loísmo*:
   * *Lo doy el chocolate.*
Lo correcto:
   Le doy el chocalate.

Ejemplo de *laísmo:*
   * *La doy el chocolate.*
Lo correcto:
   Le doy el chocolate.

Resumiendo:
• Se comete *loísmo* cuando se usa *lo* en lugar de *le*.
• Se comete *laísmo* cuando se usa *la* en lugar de *le*.
Las formas átonas *le, les* son siempre complemento indirecto (para complemento indirecto véase apartado 1.3. del capítulo XVI).

Ejemplos de *le*:
   Di el regalo a Juan.   *Le di el regalo.*
   Di la bolsa a María.   *Le di la bolsa.*
   Di la bolsa a mis hermanos.   *Les di la bolsa.*

Tanto si se refiere a él como a ella, la forma del complemento indirecto es siempre *le*. Si sustituimos el complemento directo de los anteriores ejemplos por una forma átona *lo, la* el complemento indirecto *le* no puede seguir siendo *le:*

*Le lo di
*Le la di
*Les la di

En estos casos lo correcto es sustituir la forma *le* por la forma *se*, que evidentemente seguirá realizando la función de complemento indirecto:

Se lo di
Se la di
Se las di

Especial atención requiere también el uso de *le, les* porque si los ponemos en lugar de *lo(s), la(s)* estaremos cometiendo *leísmo*, al igual que si usamos *lo, la* donde debe haber *le* estaremos cometiendo *loísmo* y *laísmo* respectivamente.

Veamos unos ejemplos de uso incorrecto:

Leísmo:
　He roto el lápiz.
　*Le he roto.
Lo correcto: *Lo he roto.*

Laísmo:
　Han regalado bombones a Ana.
　*La han regalado bombones.
Lo correcto: *Le han regalado bombones.*

Loísmo:
　Han dado a Juan un lápiz.
　*Lo han dado una paliza.
Lo correcto: *Le han dado una paliza.*

3.1.2.2. Valor reflexivo

Los pronombres personales átonos *me, te, se, nos, os, se* pueden también en algunas ocasiones poseer <u>valor reflexivo</u>. Esto sucede cuando la persona que realiza la acción es la misma que la recibe.

• *ME:*
Yo me corto el pelo.

En el ejemplo soy *yo* quien realiza la acción de cortar el pelo y es sobre *mí (me)* sobre quien recae la acción, pues a quien *yo* corto el pelo es a mí.

- *TE*:
Tú te cortas el pelo.

Exactamente igual que en el anterior ejemplo, pues *tú* te cortas el pelo y es a ti a quien cortas el pelo.

- *SE* (singular):
Ana se lava las manos.

Ana es la persona que realiza la acción de *lavarse las manos* y es sobre ella, sobre *Ana* sobre quien recae la acción de *lavarse las manos*. Ella realiza la acción, ella la recibe, igual que en los ejemplos anteriores *yo* era quien realizaba la acción de cortarme el pelo a mí, y *tú* quien realizabas la acción de cortarte el pelo a ti en el segundo ejemplo.

- *SE* (plural):
Pedro y Juan se lavan el pelo.

Ellos (*Pedro y Juan*) realizan la acción: *lavarse el pelo* y la acción recae sobre ellos: es su propio pelo el que lavan.

- *NOS*:
María y yo nos lavamos la cabeza.

María y yo realizamos la acción de *lavar* y somos nosotras quienes la recibimos, pues son nuestras cabezas las que lavamos.

- *OS*:
Vosotros os laváis las manos.

Vosotros realizáis la acción y sobre *vosotros* recae: vosotros *os laváis las manos* y es a vosotros a quienes os quedan las manos lavadas.

Para confirmar que uno se halla ante un reflexivo puede añadir a la oración donde exista la posibilidad de un pronombre reflexivo: *a sí mismo, a mí mismo, a ti mismo, a nosotros mismos, a vosotros mismos, a ellos mismos.* Si admite esta construcción es que el pronombre es reflexivo. Veámoslo:

Tú te cortas el pelo (a ti mismo).
Ana se lava las manos (a sí misma).

María y yo nos lavamos la cabeza (a nosotras mismas).
Pedro y Juan se lavan el pelo (a ellos mismos).
Vosotros os laváis el pelo (a vosotros mismos).

Los pronombres reflexivos desempeñan siempre funciones sintácticas en la oración, pudiendo ser complemento directo o complemento indirecto:

Tu te cortas el pelo.	*Te:* complemento indirecto.
Yo me lavo.	*Me:* complemento directo.
Ana se lava las manos.	*Se:* complemento indirecto.
María y yo nos lavamos.	*Nos:* complemento indirecto.
Vosotros os laváis las manos.	*Os:* complemento indirecto.
Pedro y Juan se lavan el pelo.	*Se:* complemento indirecto.

3.1.2.3. Valor recíproco

Algunos pronombres personales átonos pueden también poseer <u>valor recíproco.</u> Poseerán dicho valor cuando dos o más sujetos realicen una acción entre sí, siendo imprescindible que sean siempre dos o más sujetos, nunca uno.

Ana y María se prestan los apuntes.

Para comprobar que estamos ante un pronombre con valor recíproco se puede añadir *el uno al otro/ la una a la otra:*

Ana y María se prestan los apuntes (la una a la otra).
Tú y yo nos mandamos cartas de amor (el uno al otro).

No debemos olvidar que la reciprocidad sólo puede darse entre dos o más sujetos, por tanto sólo las formas plurales *nos, os, se* podrán actuar como recíprocos. *Me, te* nunca tendrán valor recíproco por ser formas en singular.

La función sintáctica que desempeñan estas formas átonas con valor recíproco, son las de complemento directo o complemento indirecto:

Tú y yo nos mandamos cartas.	*Nos:* complemento indirecto.
Ana y María se prestan los apuntes.	*Se:* complemento indirecto.
Ana y María se miraron.	*Se:* complemento directo.

3.1.2.4. Las formas átonas me, te, se, nos, os, se en verbos pronominales

En ciertas ocasiones, con determinados verbos, las formas *me, te, se, nos, os, se* se integran en el verbo formando parte del mismo sin ser posible su separación, y sin desempeñar función sintáctica alguna.

arrepentir<u>se</u>, quejar<u>se</u>, marchar<u>se</u>, ir<u>se</u>, arrodillar<u>se</u>, marchar<u>se</u>, arcordar<u>se</u>...

En el caso de *arrepentirse, quejarse, arrodillarse* el pronombre es obligatorio:

Yo me arrepiento, tú te arrepientes, él se arrepiente, nosotros nos arrepentimos, vosotros os arrepentís, ellos se arrepienten.

Es imposible que el pronombre no esté presente, pues sucedería lo siguiente:

*yo arrepiento, *tú arrepientes, *él arrepiente...

En otros casos el pronombre no es imprescindible, pero si no aparece el significado varía:

Acordar:
(1) No *me acuerdo* de la fecha.
(2) *Acordaron* que sería hoy la firma del contrato.

Como se ve en los ejemplos sin pronombre el significado es distinto, en el caso (1) el verbo significa *recordar,* mientras que en el ejemplo (2) se refiere a *pactar.*

3.1.2.5. Dativo ético o de interés

Estaremos ante un dativo ético o de interés cuando la forma átona acompañe al verbo sin función alguna, siendo casos en los que bien se puede prescindir del pronombre sin afectar al significado:

<u>Me</u> *he comido la carne.*
<u>Me</u> *he estudiado dos temas de historia.*

En los ejemplos anteriores, las formas átonas no tienen función sintáctica alguna y se pueden omitir, siendo del todo correcto:

He comido la carne.
He estudiado dos temas de historia.

3.1.2.6. Me, te, se, nos, os, se y la voz media

Las formas átonas son también en determinados enunciados señal de voz media, en cuyo caso no tienen función sintáctica, y lo que hacen es señalar dónde se realiza la acción, es decir el sujeto que realiza la acción.

Juan se entusiasma.
Me entusiasmo.
Ana se asusta.
Os asustáis.
Belén se despertó pronto.
Nos despertamos pronto.

Gracias, por tanto, al pronombre podemos saber qué persona realiza la acción. Sin dichos pronombres sucedería lo siguiente:

Juan entusiasma
Entusiasmo
Asustáis
Belén despertó pronto
Despertamos pronto

Sucedería, pues, que la oración cambiaría su sentido y necesitaría otros complementos.

3.1.2.7. Se y la pasiva refleja

La pasiva refleja es un tipo de pasiva que no lleva el verbo, como se podría pensar, en pasiva, sino en activa, llevando como señal de pasiva la forma *se*.
La pasiva refleja se forma pues con un verbo en voz activa en 3ª persona del singular y la forma *se*:

Se venden pisos.

El ejemplo que a continuación se cita es equivalente a una frase en voz pasiva:

Pisos son vendidos.
Se venderá el mueble (el mueble será vendido).
Se terminaron los aperitivos (los aperitivos fueron terminados).

Por lo tanto, la forma *se* sirve en estos casos para marcar la pasiva refleja.

3.1.2.8. Se y las oraciones impersonales

Las oraciones impersonales son aquéllas que carecen de sujeto (llueve mucho, hace frío, hace calor...). Con *se* podemos también formar oraciones impersonales:

Se recibió al rey.

No hay una persona que reciba al rey, simplemente se dice que *se recibió al rey.*

Al aparecer *se* ya no puede haber ningún sujeto. Si no estuviera *se:*

Recibió al rey.

Al no haber *se* la oración tiene sujeto: *él, ella.*

4. Pronombre posesivo

Los pronombres posesivos designan la posesión de algo.

Eso es mío.
Esa casa es tuya.
La chaqueta gris es suya.
Esos perros son nuestros.
Esas chaquetas son nuestras.
Estos zapatos son vuestros.
Esas papeleras son nuestras.
Aquellas camisas son suyas.
Aquellos perros son suyos.

	Singular		Plural	
	masculino	femenino	masculino	femenino
	mío	mía	míos	mías
	tuyo	tuya	tuyos	tuyas
	suyo	suya	suyos	suyas
	nuestro	nuestra	nuestros	nuestras
	vuestro	vuestra	vuestros	vuestras

5. Pronombre relativo

Los pronombres relativos se refieren a una palabra anterior a la que se denomina antecedente:

Juan, que es mi amigo, no ha llegado todavía.

El pronombre relativo *que* se refiere a *Juan* que será pues su antecedente.

La niña que ha llamado a la puerta es mi prima.

Que se refiere a *la niña* siendo así su antecedente.

Antecedente puede ser un nombre como en los ejemplos, pero también puede tratarse de un adverbio, un adjetivo, un pronombre o una oración.

Ahora bien, el pronombre relativo no siempre se refiere a un antecedente.

La que llegue primero gana.

Veamos una tabla con todos los pronombres relativos:

	Singular		Plural	
	masculino	femenino	masculino	femenino
	el que	la que	los que	las que
	el cual	la cual	los cuales	las cuales
	quien	quien	quienes	quienes
	cuanto	cuanta	cuantos	cuantas
	que	que	que	que

A continuación se irán describiendo las características de cada uno de los pronombres relativos expuestos en la tabla.

5.1. *Que*

Que es una forma que no varía, es decir que se mantiene igual aunque se refiera a plural o a singular, a masculino o a femenino:

La casa que vi ayer en el campo era preciosa.
El coche que tenía cuando me conociste lo vendí.
Los hombres que vi en el mercado no parecían estar a gusto.
Las fotos que regalé en el concierto estaban firmadas.

Como puede apreciarse en los ejemplos *que* es invariable pues en el primero se refiere a un nombre femenino singular (*casa*); en el segundo su antecedente es un nombre masculino singular (*niño*); en el tercero, un nombre masculino plural (*hombres*); en el cuarto y último, un nombre femenino plural (*fotos*).

El pronombre *que* puede aparecer precedido por *el/la/los/las*: *el que, la que, los que, las que...*

El que llegue primero gana.
La que gaste más dinero perderá.
Los que quieran subir que suban.
Las que naden mejor serán seleccionadas.

En realidad estas formas son simplificaciones. Por ejemplo:

La que gaste más dinero perderá.
La (mujer) que gaste más dinero perderá.
Las que naden mejor serán seleccionadas.
Las (mujeres) que naden mejor serán seleccionadas.

En determinados enunciados podemos suprimir el artículo:

El colegio en el que estudio es viejo.
El colegio en que estudio es viejo.

• *Lo que*:
En este caso el antecedente, es decir, el elemento al que se refiere el relativo es el propio *lo*.

Lo que yo quiero es tu sombrero.

86

Vemos, pues, que el pronombre relativo *que* se refiere a *lo,* siendo por tanto *lo* su antecedente.

5.2. *El cual, la cual, los cuales, las cuales*

Presentan variaciones de género y de número:

Singular		*Plural*	
masculino	*femenino*	*masculino*	*femenino*
el cual	la cual	los cuales	las cuales

No es posible su aparición al inicio de una oración:
*El cual llegue primero, ganará la prueba
Lo correcto es:
El que llegue primero, ganará la prueba
Se refieren a un antecedente, igual que todos los pronombres relativos

5.3. *Quien, quienes*

Varía este pronombre relativo únicamente en número, pues tiene singular: *quien*, y plural: *quienes*, mas no varía su género, usándose la misma forma para masculino y femenino.

Fue ella quien lo dijo. (Antecedente: *ella*).
Fue él quien lo dijo. (Antecedente: *él*).
Fueron ellas quienes lo dijeron. (Antecedente: *ellas*).
Fueron ellos quienes lo dijeron. (Antecedente: *ellos*).

En los dos primeros ejemplos se usa *quien* aunque se refiera primero a *ella* y luego a *él*. En los dos siguientes ejemplos sucede igual, sólo ha cambiado de singular a plural.
El antecedente puede aparecer de manera explícita:
Será Juan *quien* lo lleve a cabo.
Antecedente: *Juan*
O no aparecer:
Quien juega con fuego, se quema.
No hay antecedente, *quien* no se refiere a ninguna palabra de la oración.

5.4. *Cuanto, cuanta, cuantos, cuantas*

Presenta este pronombre relativo diferentes terminaciones para género y número. Veámoslo en la siguiente tabla:

Singular		Plural	
masculino	femenino	masculino	femenino
cuanto	cuanta	cuantos	cuantas

- Pueden referirse a un antecedente:
Tiré todo cuanto tenía.
Antecedente: *todo*

- Pueden no llevar antecedente:
Di cuanto poseía.

Estas formas pueden ser pronombres o determinantes, todo dependerá de si acompañan a un nombre o no.

Cuando vayan solos, esto es, cuando no acompañen a un nombre, serán pronombres:

Gasté *cuanto* tenía.

Cuando dichas formas no vayan solas sino acompañando a un elemento de la oración no serán considerados pronombres:

Que vengan *cuantas personas* quieran.

Cuantas acompaña en el ejemplo a *personas* no actuando pues como pronombre.

6. Pronombre interrogativo

Son pronombres que aparecen en oraciones interrogativas o en oraciones que no siendo propiamente interrogativas poseen la intencionalidad interrogativa.

¿Qué haces?
Dime qué haces.
¿Quién llama?
Dime quién llama.

¿Cuál quieres?
Dime cuál quieres.
¿Cuánto cuesta?
Dime cuánto cuesta.
¿Cuál es tu preferida?
Dime cuál es tu preferida.

Tabla de pronombres interrogativos

Singular		Plural	
masculino	femenino	masculino	femenino
qué	qué	qué	qué
quién	quién	quiénes	quiénes
cuál	cuál	cuáles	cuáles
cuánto	cuánta	cuántos	cuántas

Estos pronombres siempre llevan tilde, *siempre*.

7. Pronombre exclamativo

Singular		Plural	
masculino	femenino	masculino	femenino
qué	qué	qué	qué
quién	quién	quiénes	quiénes
cuánto	cuánta	cuántos	cuántas

Al igual que los interrogativos éstos también llevan tilde *siempre*.

En lugar de formar parte de una pregunta, estos lo hacen de una exclamación:

¡Qué haré ahora!
¡Quién pudiera!
¡Quienes serían los visitantes!
¡Cuánto he luchado por ti!
¡Cuántos éramos!
¡Cuántas veníamos!

8. Pronombre demostrativo

Singular			Plural	
masculino	*femenino*	*neutro*	*masculino*	*femenino*
éste	ésta	esto	éstos	éstas
ése	ésa	eso	ésos	ésas
aquél	aquélla	aquello	aquéllos	aquéllas

En primer lugar resolvamos las cuestiones de acentuación que tantos problemas originan.

Los que aparecen en el cuadro con tilde es porque deben llevarla en caso de que exista posibilidad de confusión con el determinante demostrativo. Es perfectamente correcto poner la tilde siempre que sea pronombre, pero si no hay riesgo de confusión puede prescindirse de ella. Si bien, lo aconsejable para evitar problemas es ponerla siempre que sea pronombre. Cuidado con el neutro singular (esto, eso, aquello) pues nunca lleva tilde.

El pronombre demostrativo expresa el grado de proximidad o lejanía, así *éste* sería el más próximo, *ése* sería menos próximo, y *aquél* ocuparía el lugar más lejano.

Éste no es mi hijo.
Ése es mi hijo.
Aquél es su amigo.

9. Pronombre indefinido

9.1. *Nadie/ alguien*

Se refieren, claro está, a personas.

Nadie ha llamado.
Ha pasado *alguien*.

Cuando *nadie* precede al verbo: *nadie ha llamado*, no necesita negación.

Cuando *nadie* no precede al verbo ha de haber una negación que lo preceda: *no ha llamado nadie*.

Alguien, al contrario que *nadie*, no posee valor negativo.

Alguien ha llamado.
Ha llamado *alguien*.

9.2. Nada/ algo

Nada posee valor negativo y como en el caso de *nadie* deberá llevar una negación si *nada* no precede al verbo: *no tengo nada*. Si precede al verbo la negación sobra: *nada tengo*.

• *Algo*:
Tengo algo.
Quiero algo.

9.3. Alguno/ ninguno

Estos dos pronombres indefinidos cambian su forma dependiendo del número y del género:

Singular		Plural	
masculino	*femenino*	*masculino*	*femenino*
alguno	alguna	algunos	algunas
ninguno	ninguna	....	....

En el caso de *ninguno/ ninguna* el plural es imposible, no se puede hablar de **ningunos/ *ningunas*.

Alguno sabrá la verdad.
Alguna lo habrá visto.
Algunos han venido.
Algunas han hablado.
Ninguno habla.
Ninguna quiere.

En el caso de *ninguno*:
• para que la oración tenga valor negativo habrá de llevar negación si no precede al verbo:

no habla *ninguno*

• mientras que si precede al verbo la negación no es necesaria:

ninguno habla

9.4. *Quienquiera, quienesquiera*

Estas formas las encontramos ya sólo en construcciones como:

Quienquiera que haya dicho...
Quienesquiera que sean los culpables del suceso...

9.5. *Mucho, mucha, muchos, muchas*

En singular, este pronombre indefinido (*mucho, mucha)* no se refiere a seres sino a cantidades.

Mucho de lo que cuentas es mentira.

En plural (*muchos, muchas*) sí se refiere a seres.

Han venido *muchos.*
Tengo *muchas.*

9.6. *Poco, poca, pocos, pocas*

En singular, este pronombre (*poco, poca*) no se refiere a seres, sino a cantidades.

Poco se salvará de la tormenta.
Queda *poca.*

En plural (*pocos, pocas*) se refiere a seres.

Pocos han llamado.
Pocas lo saben.

9.7. *Demasiado, demasiada, demasiados, demasiadas*

En singular (*demasiado, demasiada*) se refiere a cantidad.

Demasiado sabes ya...

En plural se refiere a seres.

Han venido *demasiados*.

9.8. *Cualquiera, cualesquiera*

No tiene diferencia de género, sólo de número. *Cualquiera*: singular. *Cualesquiera:* plural.

Cualquiera sabe.
Cualesquiera que sean las penas de Ana, no creo yo que sea para...

9.9. *Otro, otra, otros, otras*

Todas las formas de este pronombre indefinido se refieren a seres.

Otro vendrá.
Otra llegará.
Otros lo han hecho antes.
Otras empezaron esta lucha.

9.10. *Varios, varias*

Se refiere este pronombre a seres.
No tiene singular, aunque sí masculino y femenino.

Ya han venido *varios* a preguntar.
Han estado *varias* aquí.

9.11. *Bastante, bastantes*

No tiene variación de género, sí de número.

• En singular se refiere a cantidad.
Ya tienen *bastante*.

• En plural se refiere a seres:
Bastantes han llamado ya.

9.12. *Todo, toda, todos, todas*

• En singular se refiere a cantidad:
Todo es mucho para mí.
Toda, se la ha llevado toda.

• En plural designa a seres:
Todos aplaudieron.
Todas me animaron.

9.13. *Más*

Este pronombre indefinido es invariable.

Vendrán *más*.
Llegaron *más* ayer por la tarde.

9.14. *Menos*

Es un pronombre indefinido invariable.

Llegaron *menos*.
Faltan *menos*.

10. Pronombre numeral

Los pronombres numerales expresan la cantidad exacta: uno, dos, tres, cuatro...

Han llegado *dos*.
Quiero *cinco*.

Hay que recordar que se diferencian de los determinantes numerales en que los pronombres numerales nunca acompañan a un nombre ya que de hacerlo serían determinantes.
Tengo *cuatro gatos* (determinante porque acompaña a *gatos*).
Tengo *cuatro* (pronombre porque no acompaña a ningún elemento, va solo).
Esta mesa cuesta *doscientas pesetas* (determinante, porque acompaña a *pesetas*).
Esta mesa cuesta *doscientas* (pronombre porque va solo).
Para la escritura de los numerales acudir al apartado 5.1. del capítulo II.

Ejercicios

1. Señale los pronombres del texto y diga a qué clase pertenecen:

Temía las playas, por lo atractivas, y también desconfiaba por completo del aislamiento rural, pues desde hacía tiempo conocía todos sus encantos. [...] Aguantó su deseo de pedir consejo a algún amigo, pues pensó que cada uno de ellos le recomendaría un sitio ya conocido, donde, sin duda, tendría amigos a su vez. Malcolmson deseaba evitar a las amistades y tenía aún muchos menos deseos de trabar contacto con los amigos de los amigos. Por ello decidió irse él solo [...] y sacó billete para el primer nombre desconocido que vio en el itinerario local de ferrocarriles. [...]

Era una casa vieja y anticuada, de construcción pesada y estilo jacobino, con macizos aleros y ventanas, más pequeñas éstas de lo acostumbrado [...]. 'he aquí —pensó— el mismísimo lugar que buscaba' [...].

[...] En la estafeta de correos averiguó el nombre del agente, el cual quedó muy sorprendido al enterarse de que alguien quisiera habitar parte de la vieja casona. [...]

—A decir verdad —dijo— me alegraría muchísimo, por los dueños, naturalmente, que alguien tomase la casa durante años, aunque fuera gratuitamente, si con ello se pudiera acostumbrar al pueblo a verla habitada. [...]

[...] Pagó, pues, por adelantado la renta de tres meses, obtuvo un recibo y el nombre de una vieja [...]. A continuación fue a hablar con la posadera, que era una mujer de lo más alegre y bondadoso, y le pidió consejo acerca de qué clase y cantidad de víveres y provisiones necesitaría con probabilidad. Ella levantó las manos estupefacta cuando él dijo[...].

—¡En la casa del juez, no! —exclamó, palideciendo. Él respondió que no conocía el nombre de la casa, pero explicó su emplazamiento y detalles.

Fragmento del relato *La casa del juez*, Bram Stoker

2. Utilice el pronombre relativo que convenga:

-El hombre _____ está a tu derecha es mi tío.

-Busca a alguien _____ sepa informática.

-El médico a _____ consultaste ayer te ha llamado.

-Ésta es la mesa de _____ te estuve hablando.

-Aquél _____ se atreva a desafiarme sufrirá las consecuencias.

3. Ponga los pronombres que faltan:

-_____ me lo dijo, y si me lo dijo, me _____ creo, porque Antonia es una mujer muy honesta.

-Se _____ diré a Antonio, para que sea _____ quien resuelva este problema.

-No te he pedido dos pasteles, te he pedido solamente _____.

-Es mejor que tú se _____ digas a _____, porque si se lo digo yo, sé que se enfadará. Es muy testarudo y no _____ hace caso. Puede que a _____ te lo haga.

-Ganó la carrera, llegó el _____.

-Los niños siempre dicen la verdad, y en eso _____ son iguales.

-No todos lo saben, sólo _____.

-¿Son _____ que están sobre la mesa mis libros?

-Ya sé que Juan y Ana se están peleando, pero no _____ meteré en su pelea, porque es una cosa entre _____.

-¿_____ dijo que llegaría pronto a casa? Lo digo, porque son más de las tres y no ha llegado. Puede que _____ haya pasado _____. Y si _____ ha pasado algo a Jacobo, ____ me muero.

Soluciones

1.

*Temía las playas, por lo atractivas, y también desconfiaba por completo del aislamiento rural, pues desde hacía tiempo conocía todos sus encantos. [...] Aguantó su deseo de pedir consejo a algún amigo, pues pensó que cada _uno_* [pronombre_numeral] *de _ellos_*[pronombre personal] *_le_*[pronombre personal] *recomendaría un sitio ya conocido, donde, sin duda, tendría amigos a su vez. Malcolmson deseaba evitar a las amistades y tenía aún muchos menos deseos de trabar contacto con los amigos de los amigos. Por _ello_*[pronombre personal] *decidió irse _él_* [pronombre personal] *solo [...] y sacó billete para el primer nombre desconocido _que_* [pronombre relativo] *vio en el itinerario local de ferrocarriles. [...]*

*Era una casa vieja y anticuada, de construcción pesada y estilo jacobino, con macizos aleros y ventanas, más pequeñas _éstas_* [pronombre demostrativo]*de lo acostumbrado [...]. 'He aquí –pensó– el mismísimo lugar que buscaba [...].*

*[...] En la estafeta de correos averiguó el nombre del agente, _el cual_* [pronombre relativo] *quedó muy sorprendido al enterarse de que _alguien_* [pronombre indefinido] *quisiera habitar parte de la vieja casona. [...]*

*—A decir verdad —dijo— _me_* [pronombre personal] *alegraría muchísimo, por los dueños, naturalmente, que _alguien_* [pronombre indefinido] *tomase la casa durante años, aunque fuera gratuitamente, si con _ello_* [pronombre personal] *_se_* [marca de impersonalidad] *pudiera acostumbrar al pueblo a ver_la_* [pronombre personal] *habitada. [...]*

*[...] Pagó, pues, por adelantado la renta de tres meses, obtuvo un recibo y el nombre de una vieja [...]. A continuación fue a hablar con la posadera, _que_* [pronombre relativo] *era una mujer de lo más alegre y bondadoso, y _le_* [pronombre personal] *pidió consejo acerca de qué clase y cantidad de víveres y provisiones necesitaría con probabilidad. _Ella_* [pronombre personal] *levantó las manos estupefacta [...].*

*—¡En la casa del juez, no! —exclamó, palideciendo. _Él_* [pronombre personal] *respondió que no conocía el nombre de la casa, pero explicó su emplazamiento y detalles.*

2.

que/ que/ quien/ la que/ que

3.

-Ella/ lo
-lo/ él
-uno
-lo/ él/ me/ ti
-primero
-todos
-yo (él, ella)
-éstos
-me/ ellos
-te/ le/ algo/ le/ yo

Capítulo V

El verbo, I

1. El verbo. Definición

Es el verbo la palabra mediante la cual:

a) Situamos la acción en el tiempo: pasado, presente, futuro.

b) Determinamos la actitud del hablante o la objetividad del hecho expresado, esto es, el modo: indicativo o subjuntivo.

c) Expresamos la persona: 1ª, 2ª, 3ª del singular o del plural.

2. La forma del verbo

El verbo está formado por:
raíz o lexema + morfemas/ desinencias/ terminaciones
Ejemplo:
raíz: morfemas/ terminaciones/ desinencias
am-: –o

En el ejemplo vemos que el verbo *amar* está formado por una raíz: *–am* y por un solo morfema: *–o*. La raíz es la parte que no varía y la que porta el significado. Por ejemplo, en el verbo *amar* aunque cambiemos de tiempo, de persona y de número hay una parte del que no varía, ésa es la raíz (o lexema) *–am*. En los siguientes ejemplos el verbo *amar* está conjugado en distintos tiempos, y hay una parte que nunca varía, es la raíz *–am*:

presente imperfecto	pretérito	futuro	pretérito perfecto
am-o	am-aba	am-aré	am-é
am-as	am-abas	am-arás	am-aste
am-a	am-aba	am-ará	am-ó
am-amos	am-ábamos	am-aremos	am-amos
am-áis	am-abais	am-aréis	am-asteis
am-an	am-aban	am-arán	am-aron

Queda claro, pues que hay una parte del verbo que no varía aunque el resto sí lo haga. En el ejemplo expresado esa parte que no varía es *–am* y se denomina lexema o raíz.

El resto de elementos que componen el verbo se denominan morfemas, desinencias o incluso terminaciones y expresan: persona, número, tiempo, modo, aspecto y conjugación. Iremos explicando las desinencias a medida que vayamos avanzando.

3. El verbo. Número y persona

Varía el verbo de número y persona, ya que siempre concuerda en número y persona con el sujeto, esto es con la persona o cosa que realiza la acción o sobre la que recae la acción del verbo.

Yo como patatas.

Yo es el sujeto, quien realiza la acción de *comer,* razón por la que el verbo concuerda con él en singular y en primera persona. Pero recordemos, antes de continuar, las personas, que son en realidad los siguientes pronombres personales:

	Singular	*Plural*
1ª persona	*yo*	*nosotros, nosotras*
2ª persona	*tú*	*vosotros, vosotras*
3ª persona	*él, ella, usted*	*ellos, ellas*

Así, dependiendo de la persona del sujeto, el verbo adoptará una forma u otra, para concordar siempre con el sujeto.

En la siguiente tabla se ejemplifica la concordancia del verbo con la persona:

	Singular	*Plural*
1ª persona	*yo como*	*nosotros/as comemos*
2ª persona	*tú comes*	*vosotros/as coméis*
3ª persona	*él/ ella come*	*ellos/as comen*

El número y la persona quedan expresados en el verbo por morfemas, tal y como antes se ha explicado.

am-á-ba-<u>mos</u>

–*mos:* morfema que expresa número (plural en este caso) y persona (nosotros, 1ª del plural, en este caso).

Los otros morfemas (-*á*-, -*ba*-) señalan la conjugación (1ª) y el tiempo (pretérito imperfecto), pero esto se explicará detalladamente más adelante.

4. El tiempo

Los tiempos verbales dan cuenta del momento en que sucede lo enunciado en la oración. Dichos momentos pueden ser:

a) Pasado o anterior: *estuve en Madrid* (expresa un momento anterior al presente desde el que enuncio la oración).

b) Presente o simultáneo: *voy a Madrid* (sucede en el presente).

c) Futuro o posterior: *iré a Madrid* (sucederá en el futuro).

Dependiendo del tiempo que exprese el verbo, éste tendrá forma simple o compuesta.

a) Es simple cuando el verbo solo se basta: *amo, comió, saldrá...*

b) Es compuesta cuando el tiempo verbal se forma mediante el auxiliar *haber* y el verbo en participio: *he salido, habrás venido, había vuelto, haya comido...* El verbo pasivo se forma con el auxiliar *ser* conjugado y el verbo en participio: *soy visto, eres visto, es visto...*

5. El aspecto

Mediante el aspecto sabemos si la acción expresada por el verbo está acabada o no. Esto es:

a) Perfectiva: la acción ha concluido.

b) Imperfectiva: la acción no ha concluido.

Juan comió en casa: la acción ha concluido ya, ha terminado, Juan ya ha terminado de comer. Aspecto perfectivo.

Juana saltaba muy bien a la cuerda: es un pasado que dura, que se extiende, donde no se expresa el término. Aspecto imperfectivo.

Carlos ha salido a la calle: la acción ha concluido. Aspecto perfectivo.

Ester saldrá pronto: la acción no ha concluido. Aspecto imperfectivo.

Tiempos que expresan:

a) Aspecto perfectivo: formas compuestas y pretérito perfecto simple de indicativo.

b) Aspecto imperfectivo: el resto, es decir, todas las formas simples, salvo el pretérito perfecto simple de indicativo.

6. El modo

El modo refleja la actitud del hablante y son tres los modos:

a) Indicativo: para expresar los hechos tal cual son, es decir, con total objetividad. Ejemplos:

Juan come.
Ana salió pronto.
Pedro ha venido a casa.
Está lloviendo.
Son las diez de la mañana.

b) Subjuntivo: para expresar duda, deseo, temor... Son oraciones subjetivas. Ejemplos:

Acaso Ana coma poco (no es seguro lo que Ana comerá).
Quizá venga Anselmo esta tarde a casa.
Ojalá ganemos el premio.
¡Si hubiera ido contigo aquél día!
¡Qué pena que no participaras en aquel concurso!

c) Imperativo: para expresar orden o mandato.

Limpia el cuarto.
Callad de una vez.

Sentaos en vuestras sillas ahora mismo.

Vete de aquí.

Come más, Ana.

7. Formas personales

Las formas personales del verbo son aquéllas que responden a personas gramaticales, es decir a 1ª, 2ª y 3ª del singular o plural. En resumen: las que se conjugan.

Son formas no personales las que no se conjugan: infinitivo, participio y gerundio. (Se analizarán detalladamente las formas no personales del verbo más adelante).

8. La conjugación

El verbo se conjuga, y son tres las conjugaciones existentes:

a) 1ª conjugación: terminados en –ar (*amar, jugar, estar, bailar...*).

b) 2ª conjugación: terminados en –er (*beber, comer, saber, leer...*).

c) 3ª conjugación: terminados en –ir (*ir, salir, vivir, divertir...*).

Así que dependiendo de su terminación diremos que el verbo es de la 1ª, 2ª o 3ª conjugación. Y esto queda expresado en la denominada vocal temática, que será –a–, –e–, –i–.

Am-á-bamos: verbo de la 1ª conjugación, pues el infinitivo termina en –ar *(amar)* y, por tanto, la vocal temática es la señalada –a–.

Com-e-mos: verbo de la 2ª conjugación, pues el infinitivo termina en –er *(comer)* y, por consiguiente, la vocal temática es la señalada –e–.

Viv-i-remos: verbo de la 3ª conjugación, pues el infinitivo termina en –ir *(vivir)* y en consecuencia la vocal temática es la señalada –i–.

9. ¿Cómo se conjugan los verbos?

Salvo en el caso de los verbos irregulares, que estudiaremos aparte, se añaden siempre iguales desinencias o terminaciones para cada tiempo y persona y conjugación. Es decir que en el caso, por ejemplo, del pretérito imperfecto de indicativo del verbo *amar*, 1ª conjugación, la desinencia que se añade siempre es *–ba*. Siendo por tanto *–ba* la desinencia que nos informa del tiempo.

Am-a-ba:
Am-: raíz.
–a-: vocal temática.
–ba: desinencia de tiempo.

9.1. *Indicativo*

9.1.1. *Formas simples*

Las terminaciones o desinencias de la conjugación regular son siempre éstas:

1ª conj.	*2ª conj.*	*3ª conj.*	*1ª conj.*	*2ª conj.*	*3ª conj.*
Presente			*Pretérito perfecto/Indefinido*		
-o	*-o*	*-o*	*-é*	*-í*	*-í*
-as	*-es*	*-es*	*-aste*	*-iste*	*-iste*
-a	*-e*	*-e*	*-ó*	*-ió*	*-ió*
-amos	*-emos*	*-imos*	*-amos*	*-imos*	*-imos*
-áis	*-éis*	*-is*	*-asteis*	*-isteis*	*-isteis*
-an	*-en*	*-en*	*-aron*	*-ieron*	*-ieron*
Pretérito imperfecto			*Futuro imperfecto*		
-aba	*-ía*	*-ía*	*-aré*	*-eré*	*-iré*
-abas	*-ías*	*-ías*	*-arás*	*-erás*	*-irás*
-aba	*-ía*	*-ía*	*-ará*	*-erá*	*-irá*
-ábamos	*-íamos*	*-íamos*	*-aremos*	*-eremos*	*-iremos*
-abais	*-íais*	*-íais*	*-aréis*	*-eréis*	*-iréis*
-aban	*-ían*	*-ían*	*-arán*	*-erán*	*-irán*

Condicional

-aría	-ería	-iría
-arías	-erías	-irías
-aría	-ería	-iría
-aríamos	-eríamos	-iríamos
-aríais	-eríais	-iríais
-arían	-erían	-irían

Veamos ahora aplicadas las desinencias a los ejemplos que componen las siguientes tablas. Prestad atención porque las terminaciones arriba vistas se unen a la raíz.

1ª Conjugación	2ª Conjugación	3ª Conjugación
amar	beber	vivir

Presente

(yo) am-o	beb-o	viv-o
(tú) am-as	beb-es	viv-es
(él) am-a	beb-e	viv-e
(nosotros) am-amos	beb-emos	viv-imos
(vosotros) am-áis	beb-éis	viv-ís
(ellos) am-an	beb-en	viv-en

Pretérito perfecto simple/ Indefinido

(yo) am-é	beb-í	viv-í
(tú) am-aste	beb-iste	viv-iste
(él) am-ó	beb-ió	viv-ió
(nosotros) am-amos	beb-imos	viv-imos
(vosotros) am-asteis	beb-isteis	viv-isteis
(ellos) am-aron	beb-ieron	viv-ieron

Pretérito imperfecto

(yo) am-aba	beb-ía	viv-ía
(tú) am-abas	beb-ías	viv-ías
(él) am-aba	beb-ía	viv-ía
(nosotros) am-ábamos	beb-íamos	viv-íamos
(vosotros) am-abais	beb-íais	viv-íais
(ellos) am-aban	beb-ían	viv-ían

Futuro

(yo) *am-aré*	*beb-eré*	*viv-iré*
(tú) *am-arás*	*beb-erás*	*viv-irás*
(él) *am-ará*	*beb-erá*	*viv-irá*
(nosotros) *am-aremos*	*beb-eremos*	*viv-iremos*
(vosotros) *am-aréis*	*beb-eréis*	*viv-iréis*
(ellos) *am-arán*	*beb-erán*	*viv-irán*

Condicional

(yo) *am-aría*	*beb-ería*	*viv-iría*
(tú) *am-arías*	*beb-erías*	*viv-irías*
(él) *am-aría*	*beb-ería*	*viv-iría*
(nosotros) *am-aríamos*	*beb-eríamos*	*viv-iríamos*
(vosotros) *am-aríais*	*beb-eríais*	*viv-iríais*
(ellos) *am-arían*	*beb-erían*	*viv-irían*

9.1.2. Formas compuestas

Se forman con el auxiliar *haber* conjugado y el verbo en cuestión siempre en participio.

1ª conjugación	2ª conjugación	3ª conjugación

Pretérito perfecto compuesto

(yo) *he cantado*	*he bebido*	*he vivido*
(tú) *has cantado*	*has bebido*	*has vivido*
(él) *ha cantado*	*ha bebido*	*ha vivido*
(nosotros) *hemos cantado*	*hemos bebido*	*hemos vivido*
(vosotros) *habéis cantado*	*habéis bebido*	*habéis vivido*
(ellos) *han cantado*	*han bebido*	*han vivido*

Pretérito pluscuamperfecto

(yo) *había amado*	*había bebido*	*había vivido*
(tú) *habías amado*	*habías bebido*	*habías vivido*
(él) *había amado*	*había bebido*	*había vivido*
(nosotros) *habíamos amado*	*habíamos bebido*	*habíamos vivido*
(vosotros) *habíais amado*	*habíais bebido*	*habíais vivido*
(ellos) *habían amado*	*habían bebido*	*habían vivido*

Pretérito anterior

hube amado	hube bebido	hube vivido
hubiste amado	hubiste bebido	hubiste vivido
hubo amado	hubo bebido	hubo vivido
hubimos amado	hubimos bebido	hubimos vivido
hubisteis amado	hubisteis bebido	hubisteis vivido
hubieron amado	hubieron bebido	hubieron vivido

Pretérito pluscuamperfecto

había amado	había bebido	había vivido
habías amado	habías bebido	habías vivido
había amado	había bebido	había vivido
habíamos amado	habíamos bebido	habíamos vivido
habíais amado	habíais bebido	habíais vivido
habían amado	habían bebido	habían vivido

Futuro perfecto (compuesto)

habré amado	habré bebido	habré vivido
habrás amado	habrás bebido	habrás vivido
habrá amado	habrá bebido	habrá vivido
habremos amado	habremos bebido	habremos vivido
habréis amado	habréis bebido	habréis vivido
habrán amado	habrán bebido	habrán vivido

Condicional compuesto

habría amado	habría bebido	habría vivido
habrías amado	habrías bebido	habrías vivido
habría amado	habría bebido	habría vivido
habríamos amado	habríamos bebido	habríamos vivido
habríais amado	habríais bebido	habríais vivido
habrían amado	habrían bebido	habrían vivido

9.2. Modo subjuntivo

9.2.1. Formas simples

Las desinencias de las formas simples subjuntivo correspondientes a la conjugación regular son las siguientes:

1ª conj.	2ª conj.	3ª conj.	1ª conj.	2ª conj.	3ª conj.
Presente			**Pretérito imperfecto**		
-e	-a	-a	-ara/-ase	-iera	-iera
-es	-as	-as	-aras/-ases	-ieras	-eras
-e	-a	-a	-ara /-ase	-iera/ -iese	-iera/ -iese
-emos	-amos	-amos	-áramos/ -ásemos	-iéramos / -iéramos /	-iésemos -iésemos
-éis	-áis	-áis	-arais/ -aseis	-ierais / -iesen	-ierais / -iesen
-en	-an	-an	-aran/-asen	-ieran / -iesen	-ieran / -iesen

1ª conjugación	2ª conjugación	3ª conjugación
Futuro imperfecto		
-are	-iere	-iere
-ares	-ieres	-ieres
-are	-iere	-iere
-áremos	-iéremos	-iéremos
-areis	-iereis	-iereis
-aren	-ieren	-ieren

En la siguiente tabla están los verbos *amar, beber, vivir* conjugados, pudiendo el lector comprobar cómo se unen las desinencias a la raíz de dichos verbos:

1ª conjugación	2ª conjugación	3ª conjugación
Presente		
am-e	beb-a	viv-a
am-es	beb-as	viv-as
am-e	beb-a	viv-a
am-emos	beb-amos	viv-amos
am-éis	beb-áis	viv-áis
am-en	beb-an	viv-an

Pretérito imperfecto (presenta dos formas)

am-ara / am-ase	beb-iera / beb-iese	viv-iera / viv-iese
am-aras / am-ases	beb-ieras / beb-ieses	viv-ieras / viv-ieses

am-ara / am-ase	beb-iera / beb-iese	viv-iera / viv-iese
am-áramos /am-ásemos	beb-iéramos / beb-iésemos	viv-iéramos/ viv-iésemos
am-arais / am-aseis	beb-ierais / beb-ieseis	viv-ierais / viv-eseis
am-aran / am-asen	beb-ieran / beb-iesen	viv-ieran / viv-iesen

Futuro imperfecto

am-are	beb-iere	viv-iere
am-ares	beb-ieres	viv-ieres
am-are	beb-iere	viv-iere
am-áremos	beb-iéremos	viv-iéremos
am-areis	beb-iereis	viv-iereis
am-aren	beb-ieren	viv-ieren

9.2.2. Formas compuestas

Igual que en el indicativo, las formas compuestas del subjuntivo se forman con el auxiliar *haber* conjugado + participio.

Pretérito perfecto compuesto

haya amado	haya bebido	haya vivido
hayas amado	hayas bebido	hayas vivido
haya amado	haya bebido	haya vivido
hayamos amado	hayamos bebido	hayamos vivido
hayáis amado	hayáis bebido	hayáis vivido
hayan amado	hayáis bebido	hayáis vivido

Pretérito pluscuamperfecto

hubiere / hubiese amado	hubiere / hubiese bebido	hubiera / hubiese vivido
hubieras / hubieses amado	hubieras / hubieses bebido	hubieras / hubieses vivido
hubiera / hubiese amado	hubiera / hubiese bebido	hubiera / hubiese vivido
hubiéramos / hubiésemos amado	hubiéramos / hubiésemos bebido	hubiéramos / hubiésemos vivido
hubierais / hubieseis amado	hubierais / hubieseis bebido	hubierais / hubieseis vivido
hubieran / hubiesen amado	hubieran / hubiesen bebido	hubieran / hubiesen vivido

Futuro perfecto

hubiere amado	*hubiere bebido*	*hubiere vivido*
hubieres amado	*hubieres bebido*	*hubieres vivido*
hubiere amado	*hubiere bebido*	*hubiere vivido*
hubiéremos amado	*hubiéremos bebido*	*hubiéremos vivido*
hubiereis amado	*hubiereis bebido*	*hubiereis vivido*
hubieren amado	*hubieren bebido*	*hubieren vivido*

9.3. Imperativo

Las terminaciones propias del modo imperativo son:

1ª conjugación	*2ª conjugación*	*3ª conjugación*
-a	*-e*	*-e*
-e	*-e*	*-e*
-ad	*-ed*	*-id*
-en	*-an*	*-an*
am-a (tú)	*beb-e* (tú)	*viv-e* (tú)
am-e (usted)	*beb-a* (usted)	*viv-a* (usted)
am-ad (vosotros)	*beb-ed* (vosotros)	*viv-id* (vosotros)
am-en (ustedes)	*beb-an* (ustedes)	*viv-an* (ustedes)

10. Formas no personales

Las formas no personales del verbo son aquéllas que no se conjugan y son: infinitivo, participio y gerundio.

• Infinitivo: amar, beber, vivir...

• Infinitivo compuesto: haber amado, haber bebido, haber vivido...

• Participio: amado, bebido, vivido...

• Gerundio: amando, bebiendo, viviendo...

• Gerundio compuesto: habiendo amado, habiendo bebido, habiendo vivido...

10.1. Infinitivo

Infinitivo simple	Infinitivo compuesto
amar, beber, vivir, salir...	haber amado, haber bebido, haber vivido, haber salido...

El infinitivo es considerado un sustantivo verbal por su capacidad para comportarse en determinados contextos como un sustantivo y en otros como un verbo, es decir, que puede actuar como verbo y también como sustantivo.

• Infinitivo como sustantivo:
   Comer es necesario.
   Fumar provoca cáncer.
   ¡Vaya un *andar* tienes tú!

• Infinitivo como verbo:
   Al *salir* me di cuenta de tu ausencia.
   Eso te pasa por no *decir* la verdad.
   Por *aprobar* todo te daré un premio.

10.2. Participio

La terminación propia del participio es *–do*: *amado, vivido, sentido*.

Otras terminaciones, menos frecuentes, son las de los considerados participios irregulares. Dichas terminaciones son:
   a) *–so*: *impreso*...
   b) *–to*: *frito, escrito, visto*...
   c) *–cho*: *hecho*...

Algunos verbos tienen dos participios, como el caso del verbo *imprimir* que posee dos formas para su participio: *imprimido, impreso*.

El participio puede funcionar en la oración de dos maneras:
   a) Como verbo
   b) Como adjetivo

Comparte ciertas características con el adjetivo, pues tiene género: *amado, amada*, y tiene número: *amado, amados*.

   • Participio como adjetivo:
   el hombre amado, la mujer amada...

• Participio como verbo:

El hombre, <u>cansado</u> de esperar, se fue.

Equivale el ejemplo a:

El hombre, que estaba cansado, se fue.

Luego, queda demostrado que en el ejemplo se comporta el participio como un verbo.

Actúa también como verbo, cuando al unirse el auxiliar *haber* da lugar a las formas compuestas del verbo:

he amado, había salido, habrá venido, hube cantado

10.3. Gerundio

Gerundio simple	Gerundio compuesto
amando	habiendo amado

El gerundio puede actuar como adverbio y como verbo.

a) Como adverbio:

Venía *gritando*.

Expresa aquí el gerundio el modo en qué venía. Funciona por tanto como un adverbio de modo.

b) Como verbo:

Gritando no conseguirás nada.

Equivale el gerundio a:

Si gritas no conseguirás nada.

Ejercicios

1. Pon el verbo adecuado en la forma adecuada:

-La gente canta y _____ (bailar) en las fiestas.

-Mañana no _____ (comer) contigo.

-No me lo preguntes más veces, _____ (saber) perfectamente la respuesta.

-Ha suspendido el examen, y es lógico, porque ayer no _____ (estudiar).

-La fiesta de Sandra fue estupenda,_____ (comer), bebimos y _____ (reír) mucho.

-La vida _____ (parecer) más dura de lo que al final resulta ser.

-Nunca más _____ (comprar) un cuadro.

-¿_____ latín? Te lo _____ (preguntar), por si pudieras explicármelo

-Lo _____ (pasar, nosotros) genial. ¡Qué pena que no vinieras!

-Cuando _____ (ver, nosotros) el sol nos alegramos, porque en esta ciudad se ve muy poco.

-Que tú no _____ (amar) a Juan, no significa que él no te _____ a ti.

2. Conjuga los siguientes verbos en el tiempo indicado:

-Presente de indicativo del verbo *separar*.

-Pretérito imperfecto de indicativo del verbo *jugar*.

-Pretérito perfecto de indicativo del verbo *soñar*.

-Futuro imperfecto de indicativo del verbo *partir*.

-Condicional de indicativo del verbo *lamer*.

-Pretérito perfecto compuesto de indicativo del verbo *sobrevivir*.

-Futuro imperfecto de indicativo del verbo *cantar*.

-Pretérito pluscuamperfecto de indicativo del verbo *mandar*.

-Pretérito anterior del verbo *medir*.

-Imperativo del verbo *solucionar*.

-Presente de subjuntivo del verbo *pagar*.

-Pretérito imperfecto de subjuntivo del verbo *silbar*.

-Futuro de subjuntivo del verbo *examinar*.

-Futuro imperfecto de subjuntivo del verbo *examinar*.

-Pretérito pluscuamperfecto de subjuntivo del verbo *servir*.

-Pretérito perfecto compuesto del verbo *reír*.

3. Las formas no personales de: cantar, meter, comer.

Soluciones

1.

baila/ comeré/ sabes/ estudiaste/ comimos, reímos/ parece/ compraré/ sabes, pregunto/ pasamos/ vemos/ ames, ame.

2.

-*separo, separas, separa, separamos, separáis, separan*
-*jugaba, jugabas, jugaba, jugábamos, jugabais, jugaban*
-*soñé, soñaste, soñó, soñamos, soñasteis, soñaron*
-*partiré, partirás, partirá, partiremos, partiréis, partirán*
-*lamería, lamerías, lamería, lameríamos, lameríais, lamerían*
-*he sobrevivido, has sobrevivido, ha sobrevivido, hemos sobrevivido, habéis sobrevivido, han sobrevivido*
-*habré cantado, habrás cantado, habrá cantado, habremos cantado, habréis cantado, habrán cantado*
-*había mandado, habías mandado, había mandado, habíamos mandado, habíais mandado, habían mandado*
-*hube medido, hubiste medido, hubo medido, hubimos medido, hubisteis medido, hubieron medido*
-*soluciona (tú), solucione(usted), solucionad (vosotros), solucionen (ellos)*
-*pague, pagues, pague, paguemos, paguéis, paguen*
-*silbara/ silbase, silbaras/ silbases, silbara/ silbase, silbáramos/ silbásemos, silbarais/ silbaseis, silbaran/ silbasen.*
-*examinare, examinares, examinare, examináremos, examinareis, examinaren*
-*hubiera/ hubiese servido, hubieras/ hubieses servido, hubiera/ hubiese servido, hubiéramos/ hubiésemos servido, hubierais/ hubieseis servido, hubieran/ hubiesen servido*
-*he reído, has reído, ha reído, hemos reído, habéis reído, han reído*

3.

Infinitivo simple: *cantar, meter, comer.*
Infinitivo compuesto: *haber cantado, haber metido, haber comido.*
Participio: *cantado, metido, comido.*
Gerundio simple: *cantando, metiendo, comiendo.*
Gerundio compuesto: *habiendo cantado, habiendo metido, habiendo comido.*

Capítulo VI

El verbo, II

1. Verbos irregulares

Verbos irregulares son aquéllos que no siguen el modelo de conjugación descrito en el capítulo anterior, que era el modelo de conjugación regular.

En los verbos irregulares ocurre algún cambio en ellos al conjugarlos que los diferencia de los verbos regulares. Por ejemplo del verbo *contar* esperaríamos según la conjugación regular: *yo *conto,* y sin embargo lo correcto es: *yo cuento.* Cuando sucede esto hablamos de verbos irregulares, pues no siguen la conjugación regular.

Las irregularidades de los verbos las ejemplifican muy bien los niños cuando aprenden a hablar, pues todo lo *pasan* por el patrón regular, de ahí que conjuguen siempre los verbos como si fueran todos regulares y digan por ejemplo: **yo conto, *me he morido...*

2. Las irregularidades

La irregularidad puede darse en la raíz, en las terminaciones o en ambas a la vez.

Las irregularidades siempre se dan en los mismos tiempos por ello podemos establecer lo siguiente:

a. Irregularidades de presente: son las que se producen en el presente de indicativo, presente de subjuntivo e imperativo.

b. Irregularidades de pretérito: son las que se producen en el pretérito perfecto/ indefinido, pretérito imperfecto de subjuntivo y futuro imperfecto de subjuntivo.

c. Irregularidades de futuro: son las que se producen en el futuro imperfecto de indicativo y condicional.

Las irregularidades son las siguientes:

Diptongación

La *e* cambia a *ie*: *pienso, piensas...* (verbo *pensar*, cuya *e* cambia a *ie*).

La *i* cambia a *ie*: *adquiero, adquieres...*
(verbo *adquirir* cuya *i* cambia a *ie*).

La *o* cambia a *ue*: *vuelvo, vuelves...* (verbo *volver*, cuya *o* cambia a *ue*).

La *u* cambia a *ue*: *juego, juegas...*

Cierre

La *e* se cierra en *i*: *repito, repites...* (verbo *repetir*, cuya *e* cambia a *i*).

La *o* se cierra en *u*: *durmamos, durmáis...* (verbo *dormir*, cuya *o* cambia a *u*).

La *a* se cierra en *e*: *quepo, quepamos...* (verbo *caber*).

Cierre y diptongación

La *e* cierra en *i* en algunos tiempos y diptonga en *ie* en otros.

Cierra en *i* en el pretérito perfecto de indicativo (*sintió*), en el imperfecto de subjuntivo (*sintiera, sintiese*) y en el futuro de subjuntivo.

Diptonga en *ie* en los presentes (*siento, sienta*) y en el imperativo (*siente*).

Refuerzo

Se interpone *z* entre raíz y terminación: *crezco, crezca...* (se añade una *z* entre la raíz y la terminación del verbo *crecer*).

Se interpone una *g*: *valgo, valgamos...* (*valer*).

Se interpone *y*: *huyo, huyas...* (*huir*).

Sustitución por consonante 'y'

La consonante *y* sustituye a *i*: *creyó...* (verbo *creer*). En lugar de presentar la terminación *–ió* de pretérito perfecto, la *–i* de *–ió* cambia a *y*.

Verbos con pretérito fuerte

En el pretérito, algunos verbos presentan ciertas irregularidades. Es el caso, por ejemplo de *andar*, cuyo pretérito perfecto de indicativo se forma así: *anduviste, anduvo*... Lo esperable según el modelo regular de conjugación era: *andé. Sin embargo, no ha sido así, pues se ha añdido *uv: anduve, anduviste, anduvo*... Esta irregularidad recibe el nombre de *pretérito fuerte*.

Supresión de vocal

Algunos verbos pierden la primera vocal de la terminación en el futuro: *podré, podrás*... (verbo *poder* que pierde la *e*, pues lo regular sería *poderé). De estos verbos se dice que tienen futuro sincopado.

Adición de 'y':

La terminación propia de primera persona del singular de presente de indicativo es –*o*, pero en algunos casos (*dar, ir*) se añade a la –*o* una –*y: doy, voy*...

Igual sucede en el verbo *haber* sólo que la *y* se añade a la 3ª persona, pues el verbo *haber* cuando no es auxiliar sólo puede conjugarse en 3ª persona: *hay*.

Participio irregular

Algunos participios de la 2ª y 3ª conjugación en lugar de añadir la terminación –*ido*, añaden la terminación –*to: frito, abierto*...

Otras veces añaden –*so: impreso* (*imprimir* tiene dos participios y el otro sí es regular: *imprimido*).

Y en pocas ocasiones añaden –*cho: hecho*...

Casos especiales

No podemos incluir algunas irregularidades en apartados anteriores por ser casos especiales que no se ajustan a los fenómenos de irregularidad descritos. Se dan en verbos como *ser, haber, estar, ir, dar, decir*... Por ser verbos que se usan habitualmente debemos mostrar su conjugación irregular. Lo hacemos en el siguiente apartado donde se muestran ejemplificadas todas las irregularidades que venimos explicando.

3. La conjugación de los verbos irregulares

Veamos ahora los verbos que presentan irregularidades en los tiempos que las presentan y cómo es su conjugación. Es decir, llevemos a la práctica lo explicado en el apartado anterior. Para ello es necesario un esquema de todo lo explicado:

Diptongación

e en *ie/* i en ie/ *o* en *ue/* u en *ue*

Cierre

e en *i/ o* en *u/ a* en *e*

Cierrey diptongación

e en *i* en unos casos y en *ie* en otros

Refuerzo

interposición de *,c, z g, y* entre la raíz y las terminaciones

Sustitución

sustitución por *y*

Verbos con pretérito fuerte

andar, caber, conducir, decir, estar, haber, hacer, poder,

Supresión vocal

poder, podré (supresión de *e,* *pod<u>e</u>ré)

Adición de '*y*'

do<u>y</u>, vo<u>y</u>

Participio irregular

en *–to, -so, -cho* CASOS ESPECIALES *ser, haber, estar, decir...*

3.1. *La diptongación*

La e diptonga en ie

P<u>e</u>nsar

La irregularidad se da en los siguientes tiempos verbales, (lo que significa que los restantes tiempos verbales siguen la conjugación regular):

Presente de indicativo: *p<u>ie</u>nso, p<u>ie</u>nsas, p<u>ie</u>nsa, pensamos, pensáis, p<u>ie</u>nsan.*

Presente de subjuntivo: *p<u>ie</u>nse, p<u>ie</u>nses, p<u>ie</u>nse, pensemos, penséis, p<u>ie</u>nsen.*

Imperativo: *p<u>ie</u>nsa, p<u>ie</u>nse, pensad, p<u>ie</u>nsen.*

Se conjugan como *pensar* (1ª conjugación) los siguientes verbos de la 1ª conjugación: *acertar, cerrar, alentar, apretar, arrendar, calentar, cegar, comenzar, empezar, concertar, confesar, despertar, desterrar, enterrar, escarmentar, fregar, gobernar, helar, nevar, manifestar, merendar, negar, quebrar, segar, sembrar, sentar, temblar, tropezar.*

Se conjugan como *pensar* en cuanto a la irregularidad se refiere los siguientes verbos de la 2ª conjugación, las terminaciones varían pero porque eso es algo propio de cada conjugación: *tender, atender, defender, descender, encender, entender, extender.*

Tender (verbo de la 2ª conjugación con diptongación de *e* en *ie*)

Presente de indicativo:
t<u>ie</u>ndo, t<u>ie</u>ndes, t<u>ie</u>nde, tendemos, tendéis, t<u>ie</u>nden.
Presente de subjuntivo:
t<u>ie</u>nda, t<u>ie</u>ndas, t<u>ie</u>nda, tendamos, tendáis, t<u>ie</u>ndan.
Imperativo:
t<u>ie</u>nde, t<u>ie</u>nda, tended, t<u>ie</u>ndan.

(Las irregularidades siempre se dan en los mismos tiempos y en las mismas personas: 1ª, 2ª, 3ª del singular y 3ª del plural).

La o diptonga en ue

C<u>o</u>ntar

119

Presente de indicativo:
cuento, cuentas, cuenta, contamos, contáis, cuentan.
Presente de subjuntivo:
cuente, cuentes, cuente, contemos, contéis, cuenten.
Imperativo:
cuenta, cuente, contad, cuenten.
Se conjugan como *contar* los siguientes verbos de la 1ª conjugación:

acordar, almorzar, apostar, aprobar, avergonzar, colar, colgar, consolar, costar, encontrar, forzar, mostrar, poblar, probar, recordar, renovar, rodar, rogar, soltar, sonar, tostar, volar, volcar.

Se conjugan como *contar* en cuanto a la irregularidad se refiere los siguientes verbos de la 2ª conjugación, lo que implica que la terminación sea diferente pero no por irregularidad sino porque los verbos de 2ª conjugación presentan distinta terminación:

Volver: la irregularidad se produce al cambiar la *o* por *ue*.

Presente de indicativo:
vuelvo, vuelves, vuelve, volvemos, volvéis, vuelven.
Presente de subjuntivo:
vuelva, vuelvas, vuelva, volvamos, volváis, vuelvan.
Imperativo:
vuelve, vuelva, volved, vuelvan.
(Se conjugan como *volver: mover, oler, cocer, doler, morder, resolver, soler, torcer*).
Error a evitar: **cuezco.*
Lo correcto es: *cuezo.*

La i diptonga en ie

Adquirir

Presente de indicativo:
adquiero, adquieres, adquirimos, adquirís, adquieren.
Presente de subjuntivo:
adquiera, adquieras, adquiera, adquiramos, adquiráis, adquieran.
Imperativo:
adquiere, adquiera, adquirid, adquieran.

La u diptonga en ue

Jugar

Presente de indicativo:
juego, juegas, juega, jugamos, jugáis, juegan.
Presente de subjuntivo:
juegue, juegues, juegue, juguemos, juguéis, jueguen.
Imperativo:
juega, juegue, jugad, jueguen.

3.2. *Cierre*

La e cierra en i

Repetir

Presente de indicativo:
repito, repites, repite, repetimos, repetís, repiten.
Presente de subjuntivo:
repita, repitas, repita, repitamos, repitáis, repitan.
Imperativo:
repite, repita, repetid, repitan.
Pretérito perfecto de indicativo:
repetí, repetiste, repitió, repetimos, repetisteis, repitieron.
Pretérito imperfecto de subjuntivo:
repitiera, repitieras, repitiera, repitiéramos, repitierais, repitieran; repitiese, repitieses, repitiese, repitiésemos, repitieseis, repitiesen.
Futuro de subjuntivo:
repitiere, repitieres, repitiere, repitiéremos, repitiereis, repitieren.
Gerundio:
repitiendo.
Se conjugan como *repetir: colegir, competir, concebir, conseguir, desvestir, elegir, gemir, henchir, impedir, investir, medir, pedir, perseguir, proseguir, rendir, revestir, seguir, servir, vestir.*

Freír

Presente de indicativo:
frío, fríes, fríe, freímos, freís, fríen.
Presente de subjuntivo:
fría, frías, fría, friamos, friáis, frían.
Pretérito perfecto de indicativo:
freí, freíste, frió, freímos, freísteis, frieron.
Pretérito imperfecto subjuntivo:
friera, frieras, friera, friéramos, frierais, frieran; friese, frieses, friese, friésemos, frieseis, friesen.
Futuro de subjuntivo:
friere, frieres, friere, friéremos, friereis, frieren.
Imperativo:
fríe, fría, freíd, frían.
Gerundio:
friendo.
Se conjuga como *freír: reír*

3.3. Cierre y diptongación

La e cierra en i en algunos casos y diptonga en ie en otros

Sentir

Presente de indicativo:
siento, sientes, siente, sentimos, sentís, sienten.
Presente de subjuntivo:
sienta, sientas, sienta, sintamos, sintáis, sientan.
Pretérito perfecto de indicativo:
sentí, sentiste, sintió, sentimos, sentisteis, sintieron.
Pretérito imperfecto de subjuntivo:
sintiera, sintieras, sintiera, sintiéramos, sintierais, sintieran; sintiese, sintieses, sintiese, sintiésemos, sintieseis, sintiesen.
Futuro de subjuntivo:
sintiere, sintieres, sintiere, sintiéremos, sintiereis, sintieren.
Imperativo:
siente, sienta, sentid, sientan.
La *e* cierra en *i* en el pretérito perfecto de indicativo, en el imperfecto de subjuntivo y en el futuro de subjuntivo.

Diptonga en *ie* en los presentes y en el imperativo.

Se conjugan como *sentir:*
adherir, advertir, convertir, desmentir, divertir, invertir, pervertir, preferir, referir, transferir, herir, mentir.

La o diptonga en ue o se cierra en u

Morir

Presente de indicativo:
muero, mueres, muere, morimos, morís, mueren.
Presente de subjuntivo:
muera, mueras, muera, muramos, muráis, mueran.
Pretérito per. de ind.:
morí, moriste, murió, morimos, morís, mueren.
Pretérito imp. de subj.:
muriera, murieras, muriera, muriéramos, murierais, murieran; muriese, murieses, muriese, muriésemos, murieseis, muriesen.
Futuro de subjuntivo:
muriere, murieres, muriere, muriéremos, muriereis, murieren.
Imperativo:
muere, muera, morid, mueran.
Se conjuga como *morir*:
dormir.

3.4. *Refuerzo*

Se interpone una z

Aborrecer

*T*odos los verbos terminados en –*ecer* (*agradecer, padecer, parecer...*) presentan la mismas irregularidad que *aborrecer,* consistente en la interposición de una z: *aborrezco, agradezco, parezco, padezco.*
Presente de indicativo:
aborrezco, aborreces, aborrece, aborrecemos, aborrecéis, aborrecen.
Presente de subjuntivo:
aborrezca, aborrezcas, aborrezca, aborrezcamos, aborrezcais, aborrezcan.

Imperativo:
aborrece, aborrezca, aborreced, aborrezcan.

Se conjugan como *aborrecer*, además de todos los terminados en *–ecer*: *complacer, conocer, desconocer, deslucir, lucir, nacer, pacer, reconocer, renacer.*

Se interpone z o g

Yacer

El verbo *yacer* merece conjugación aparte por presentar alternancia:
Presente de indicativo:
yazco/ yazgo/ yago, yaces, yace, yacemos, yacéis, yacen.
Presente de subjuntivo:
yazca/ yazga/ yaga; yazcas, yazgas, yagas; yazca, yazgas, yaga; yazcamos, yazgamos, yagamos; yazcáis, yazgáis, yagáis; yazcan, yazgan, yagan.

Se interpone z o j

Conducir y todos los verbos terminados en *–ducir* (*aducir, deducir, introducir...*) presentan además de la interposición de *z*, la de *j* en otros tiempos. Es decir que en unos se interpone *z* y en otros aparece *j* y se suprime la *c*.

Presente de indicativo:
conduzco, conduces, conduce, conducimos, conducís, conducen.
Pretérito perfecto de indicativo:
conduje, condujiste, condujo, condujimos, condujisteis, condujeron.
Presente de subjuntivo:
conduzca, conduzcas, conduzca, conduzcamos, conduzcáis, conduzcan.
Pretérito imperfecto de subjuntivo:
condujera / condujese, condujeras / condujeses, condujera / condujese, condujéramos / condujésemos, condujerais / condujeseis, condujeran / condujesen.
Fututo de subjuntivo:
condujere, condujeres, condujere, condujéremos, condujereis, condujeren.

Se interpone g

Valer

Presente de indicativo:
valgo, vales, vale, valemos, valéis, valen.
Presente de subjuntivo:
valga, valgas, valga, valgamos, valgáis, valgan.
Imperativo:
vale, valga, valed, valgan.
Se interpone una *g* en estos otros verbos también: *sobresalir, salir, tener, atener, contener, detener, entretener, mantener, obtener, retener, sostener, poner* (y todos los que contengan *poner* como *posponer*), *venir* (y todos los que contengan *venir* como, por ejemplo, *sobrevenir*).

Se interpone y

Huir

Presente de indicativo:
huyo, huyes, huye, huimos, huís, huyen.
Presente de subjuntivo:
huya, huyas, huya, huyamos, huya, huyáis, huyan.
Imperativo:
huye, huya, huid, huyan.
Sucede lo mismo en los verbos terminados en *–uir* (*diluir, obstruir...*).

3.5. Sustitución por y

Sucede en los pretéritos de verbos acabados en *–uir* y en *–eer:*

Huir

Pretérito perfecto de indicativo:
huí, huiste, huyó, huimos, huisteis, huyeron.
Pretérito imperfecto de subjuntivo:
huyera, huyeras, huyera, huyéramos, huyerais, huyeran; huyese, huyeses, huyese, huyésemos, huyeseis, huyesen.

Futuro de subjuntivo:
huyere, huyeres, huyere, huyéremos, huyereis, huyeren.
Gerundio:
huyendo.
Como *huir* además de los verbos terminados en *–uir* se conjuga *oír*.

Creer

Pretérito perfecto de indicativo:
creí, creíste, creyó, creímos, creísteis, creyeron.
Pretérito imperfecto de subjuntivo:
creyera, creyeras, creyera, creyéramos, creyerais, creyeran;
creyese, creyeses, creyese, creyésemos, creyeseis, creyesen.
Futuro de subjuntivo:
creyere, creyeres, creyere, creyéremos, creyereis, creyeren.
Gerundio:
creyendo.
Además de los verbos terminados en *–eer* se conjuga como *creer* el verbo *caer.*

3.6. *Verbos con pretérito fuerte*

Andar

Pretérito perfecto de indicativo:
anduve, anduviste, anduvo, anduvimos, anduvisteis, anduvieron.
Pretérito imperfecto de subjuntivo:
anduviera, anduvieras, anduviera, anduviéramos, anduvierais, anduvieran: anduviese, anduvieses, anduviese, anduviésemos, anduvieseis, anduviesen.
Futuro de subjuntivo:
anduviere, anduvieres, anduviere, anduviéremos, anduviereis, anduvieren.

Caber

Pretérito perfecto de indicativo:
cupe, cupiste, cupo, cupimos, cupisteis, cupieron.

Pretérito imperfecto de subjuntivo:
cupiera, cupieras, cupiera, cupiéramos, cupierais, cupieran
cupiese, cupiese, cupiese, cupiésemos, cupieseis, cupiesen.
Futuro de subjuntivo:
cupiere, cupieres, cupiere, cupiéremos, cupiereis, cupieren.

Estar

Pretérito perfecto de indicativo:
estuve, estuviste, estuvo, estuvimos, estuvisteis, estuvieron.
Pretérito imperfecto de subjuntivo:
estuviera, estuvieras, estuviera, estuviéramos, estuvierais,
estuvieran estuviese, estuvieses, estuviese, estuviésemos,
estuvieseis, estuviesen.
Futuro de subjuntivo:
estuviere, estuvieres, estuviere, estuviéremos, estuviereis,
estuvieren.

Conducir

Pretérito perfecto de indicativo:
conduje, condujiste, condujo, condujimos, condujisteis,
condujeron.
Pretérito imperfecto de subjuntivo:
condujera, condujeras, condujera, condujéramos, condujerais,
condujeran; condujese, codujeses, condujese, condujésemos,
condujeseis, condujesen.
Futuro de subjuntivo:
condujere, condujeres, condujere, condujéremos, conduje-
reis, condujeren.

Decir

Pretérito perfecto de indicativo:
dije, dijiste, dijo, dijimos, dijisteis, dijeron.
Pretérito imperfecto de subjuntivo:
dijera, dijeras, dijera, dijéramos, dijerais, dijeran; dijese,
dijeses, dijese, dijésemos, dijeseis, dijesen.
Futuro de indicativo:
dijere, dijeres, dijere, dijéremos, dijereis, dijeren.

Haber

Pretérito perfecto de indicativo:
hube, hubiste, hubo, hubimos, hubisteis, hubieron.
Pretérito imperfecto de subjuntivo:
hubiera, hubieras, hubiera, hubiéramos, hubierais, hubieran; hubiese, hubieses, hubiese, hubiésemos, hubieseis, hubiesen.
Futuro de subjuntivo:
hubiere, hubieres, hubiere, hubiéremos, hubiereis, hubieren.

Hacer

Pretérito perfecto de indicativo:
hice, hiciste, hizo, hicimos, hicisteis, hicieron.
Pretérito imperfecto de subjuntivo:
hiciera, hicieras, hiciera, hiciéramos, hicierais, hicieran; hiciese, hicieses, hiciese, hiciésemos, hicieseis, hiciesen.
Futuro de subjuntivo:
hiciere, hicieres, hiciere, hiciéremos, hiciereis, hicieren.

Poder

Pretérito perfecto de indicativo:
pude, pudiste, pudo, pudimos, pudisteis, pudieron.
Pretérito imperfecto de subjuntivo:
pudiera, pudieras, pudiera, pudiéramos, pudierais, pudieran; pudiese, pudieses, pudiese, pudiésemos, pudieseis, pudiesen.
Futuro de subjuntivo:
pudiere, pudieres, pudiere, pudiéremos, pudiereis, pudieren.

Poner

Pretérito perfecto de indicativo:
puse, pusiste, puso, pusimos, pusisteis, pusieron.
Pretérito imperfecto de subjuntivo:
pusiera, pusieras, pusiera, pusiéramos, pusierais, pusieran; pusiese, pusieses, pusiese, pusiésemos, pusieseis, pusiesen.
Futuro de subjuntivo:
pusiere, pusieres, pusiere, pusiéremos, pusiereis, pusieren.

Querer

Pretérito perfecto de indicativo:
quise, quisiste, quiso, quisimos, quisisteis, quisieron.
Pretérito imperfecto de subjuntivo:
quisiera, quisieras, quisiera, quisiéramos, quisierais, quisieran; quisiese, quisieses, quisiese, quisiésemos, quisieseis, quisiesen.
Futuro de subjuntivo:
quisiere, quisieres, quisiere, quisiéremos, quisiereis, quisieren.

Saber

Pretérito perfecto de indicativo:
supe, supiste, supo, supimos, supisteis, supieron.
Pretérito imperfecto de subjuntivo:
supiera, supieras, supiera, supiéramos, supierais, supieran; supiese, supieses, supiese, supiésemos, supieseis, supiesen.
Futuro de subjuntivo:
supiere, supieres, supiere, supiéremos, supiereis, supieren.

Tener

Pretérito perfecto de indicativo:
tuve, tuviste, tuvo, tuvimos, tuvisteis, tuvieron.
Pretérito imperfecto de subjuntivo:
tuviera, tuvieras, tuviera, tuviéramos, tuvierais, tuvieran; tuviese, tuvieses, tuviese, tuviésemos, tuvieseis, tuviesen.
Futuro de subjuntivo:
tuviere, tuvieres, tuviere, tuviéremos, tuviereis, tuvieren.

3.7. *Supresión de vocal/ futuro sincopado*

Venir

Futuro de indicativo:
vendré, vendrás, vendrá, vendremos, vendréis, vendrán.
Condicional:
vendría, vendrías, vendría, vendríamos, vendríais, vendrían.
Se conjugan así los siguientes verbos: *poner, salir, tener, valer.*

Poder

Futuro de indicativo:
podré, podrás, podrá, podremos, podréis, podrán.
Condicional:
podría, podrías, podría, podríamos, podríais, podrían.
Verbos que presentan esta misma irregularidad (futuro sincopado):
caber, haber, querer, saber, poner, salir, tener, valer.

3.8. Adición de y

Dar: doy
Ir: voy
Estar: estoy
Haber: hay
Ser: soy

3.9. Participio irregular

En –to

-En –so

Abrir: abierto.
Imprimir: impreso.
Anteponer: antepuesto.

También puede emplearse:
Componer: compuesto.
Imprimir: imprimido.
Circunscribir: circunscrito.

-En –cho

Cubrir: cubierto.
Decir: dicho.
Describir: descrito.
Hacer: hecho.
Descubrir: descubierto.
Satisfacer: satisfecho.

Devolver: devuelto.
Disolver: disuelto.
Escribir: escrito.
Freír: frito.
Inscribir: inscrito.
Morir: muerto.
Poner: puesto.
Recubrir: recubierto.
Resolver: resuelto.
Revolver: revuelto.
Romper: roto.
Suscribir: suscrito.
Ver: visto.
Volver: vuelto.

3.10. Casos especiales

Caer

Presente de indicativo:
caigo, caes, cae, caemos, caéis, caen.
Presente de subjuntivo:
caiga, caigas, caiga, caigamos, caigáis, caigan.
Imperativo:
cae, caiga, caed, caigan.
Pretérito perfecto de indicativo:
caí, caíste, cayó, caímos, caísteis, cayeron.
Pretérito imperfecto de subjuntivo:
cayera, cayeras, cayera, cayéramos, cayerais, cayeran;
cayese, cayeses, cayese, cayésemos, cayeseis, cayesen.
Futuro de subjuntivo:
cayere, cayeres, cayere, cayéremos, cayereis, cayeren.
Gerundio:
cayendo.
Se conjugan como este verbo:
recaer, decaer.

Caber

Presente de indicativo:
quepo, cabes, cabe, cabemos, cabéis, caben.

131

Presente de subjuntivo:
quepa, quepas, quepa, quepamos, quepáis, quepan.
Imperativo:
cabe, quepa, cabed, quepan.
Pretérito perfecto de indicativo:
cupe, cupiste, cupo, cupimos, cupisteis, cupieron.
Pretérito imperfecto de subjuntivo:
cupiera, cupieras, cupiera, cupiéramos, cupierais, cupie-
ran; cupiese, cupieses, cupiese, cupiésemos, cupieseis,
cupiesen.
Futuro de subjuntivo:
cupiere, cupieres, cupiere, cupiéremos, cupiereis, cupieren.
Futuro de indicativo:
cabré, cabrás, cabrá, cabremos, cabréis, cabrán.

Dar

Presente de indicativo:
doy, das, da, damos, dais, dan.
Presente de subjuntivo:
dé, des, dé, demos, deis, den.
Imperativo:
da, dé, dad, den.
Pretérito perfecto de indicativo:
di, diste, dio, dimos, disteis, dieron.
Pretérito imperfecto de subjuntivo:
diera, dieras, diera, diéramos, dierais, dieran; diese, dieses,
diese, diésemos, dieseis, diesen.
Futuro de subjuntivo:
diere, dieres, diere, diéremos, diereis, dieren.

Decir

Presente de indicativo:
digo, dices, dice, decimos, decís, dicen.
Presente de subjuntivo:
diga, digas, diga, digamos, digáis, digan.
Imperativo:
di, diga, decid, digan.
Pretérito perfecto de indicativo:
dije, dijiste, dijo, dijimos, dijisteis, dijeron.

Pretérito imperfecto de subjuntivo:
dijera, dijeras, dijera... (ver apartado *pretérito fuerte* en este mismo capítulo).
Futuro de subjuntivo:
dijere, dijeres... (ver *pretérito fuerte*).
Futuro de indicativo:
diré, dirás, dirá, diremos, diréis, dirán.
Condicional:
diría, dirías, diría, diríamos, diríais, dirían.
Gerundio:
diciendo.
Participio:
dicho.

Errar

Presente de indicativo:
yerro, yerras, yerra, erramos, erráis, yerran.
Presente de subjuntivo:
yerre, yerres, yerre, erremos, erréis, yerren.
Imperativo:
yerra, yerre, errad, yerren.

Erguir

Presente de indicativo:
yergo, yergues, yergue, erguimos, erguís, yerguen.
Presente de subjuntivo:
yerga, yergas, yerga, irgamos, irgáis, yergan.
Imperativo:
yergue, yerga, erguid, yergan.
Pretérito perfecto de indicativo:
erguí, erguiste, irguió, erguimos, erguisteis, irguieron.
Pretérito imperfecto de subjuntivo:
irguiera, irguieras, irguiera, irguiéramos, irguierais, irguieran; irguiese, irguieses, irguiese, irguiésemos, irguieseis, irguiesen.
Futuro de subjuntivo:
irguiere, irguieres, irguiere...
Gerundio:
irguiendo.

Haber

Presente de indicativo:
he, has, ha, hemos, habéis, han.
Presente de subjuntivo:
haya, hayas, haya, hayamos, hayáis, hayan.
Pretérito perfecto de indicativo:
hube, hubiste, hubimos, hubisteis, hubieron.
Pretérito imperfecto de subjuntivo:
hubiera, hubieras, hubiera, hubiéramos, hubierais, hubieran;
hubiese, hubieses, hubiese, hubiésemos, hubieseis, hubiesen.
Futuro de subjuntivo:
hubiere, hubieres, hubiere, hubiéremos, hubiereis, hubieren.
Futuro de indicativo:
habré, habrás, habrá, habremos, habréis, habrán.
Condicional:
habría, habrías, habríamos, habríais, habrían.

Ir

Presente de indicativo:
voy, vas... (ver apartado *adición de 'y'*).
Presente de subjuntivo:
vaya, vayas, vaya, vayamos, vayáis, vayan.
Imperativo:
ve, vaya, id, vayan.
Pretérito imperfecto:
iba, ibas, iba, íbamos, ibais, iban.
Pretérito perfecto de indicativo:
fui, fuiste, fuimos, fuisteis, fueron.
Pretérito imperfecto de subjuntivo:
fuera, fueras, fuera, fuéramos, fuerais, fueran; fuese, fueses,
fuese, fuésemos, fueseis, fuesen.
Futuro de subjuntivo:
fuere, fueres, fuere, fuéremos, fuereis, fueren.
Gerundio:
yendo.

Oír

Presente de indicativo:
oigo, oyes, oye, oímos, oís, oyen.

Presente de subjuntivo:
oiga, oigas, oiga, oigamos, oigáis, oigan.
Imperativo:
oye, oiga, oid, oigan.
Pretérito perfecto de indicativo: *oí, oíste, oyó* (ver *sustitución por 'y'*).
Pretérito imperfecto de subjuntivo:
oyera, oyese... (ver *sustitución por 'y'*).
Futuro de subjuntivo:
oyere, oyeres... (ver *sustitución por 'y'*).
Gerundio:
oyendo.

Saber

Presente de indicativo:
sé, sabes, sabe, sabemos, sabéis, saben.
Presente de subjuntivo:
sepa, sepas, sepa, sepamos, sepáis, sepan.
Imperativo:
sabe, sepa, sabed, sepan.
Pretérito perfecto de indicativo:
supe, supiste... (ver *verbos con pretérito fuerte*).
Pretérito imperfecto de subjuntivo:
supiera... (ver *verbos con pretérito fuerte*).
Futuro de subjuntivo:
supiere, supieres... (ver *verbos con pretérito fuerte*).
Futuro de indicativo:
sabré, sabrás, sabrá, sabremos, sabréis, sabrán.
Condicional:
sabría, sabrías, sabría, sabríamos, sabríais, sabrían.
El futuro de indicativo y el condicional sufren la irregularidad ya explicada en *verbos con futuro sincopado.*

Ser

Presente de indicativo:
soy, eres, es, somos, sois, son.
Presente de subjuntivo:
sea, seas, sea, seamos, seáis, sean.
Imperativo:
sé, sea, sed, sean.

Pretérito imperfecto de indicativo:
era, eras, era, éramos, erais, eran.
Pretérito perfecto de indicativo:
fui, fuiste, fue, fuimos, fuisteis, fueron.
Pretérito imperfecto de subjuntivo:
fuera, fueras, fuera, fuéramos, fuerais, fueran; fuese, fueses,
fuese, fuésemos, fueseis, fuesen.
Futuro de subjuntivo:
fuere, fueres, fuere, fuéremos, fuereis, fueren.

Traer

Presente de indicativo:
traigo, traes, trae, traemos, traéis, traen.
Presente de subjuntivo:
traiga, traigas, traiga, traigamos, traigáis, traigan.
Pretérito perfecto de indicativo:
traje, trajiste, trajo, trajimos, trajisteis, trajeron.
Pretérito imperfecto de subjuntivo:
trajera, trajeras, trajera, trajéramos, trajerais, trajeran; tra-
jese, trajeses, trajese, trajésemos, trajeseis, trajesen.
Futuro de subjuntivo:
trajere, trajeres, trajere, trajéremos, trajereis, trajeren.
Como *traer* se conjugan:
abstraer, atraer, contraer, distraer, extraer, retraer, retro-
traer, sustraer.

Ejercicios

1. Pon el verbo en la forma adecuada:

-Ayer_____(andar) tanto que hoy no pienso dar ni un solo paso.

-¡_____(hacer) lo que te digo ahora mismo!

-Los seres humanos_____(errar) algunas veces en la vida. Somos así.

-De joven, Juana_____(ser) muy hermosa.

-Si Pedro llegara a tiempo yo _____(poder) acompañar a Ángela al médico.

-Pasen y _____(ver) las mejores atracciones del mundo entero.

-¿Has_____(imprimir) los documentos del jefe?

-No me importa lo que_____(decir) ayer, yo sé muy bien lo que estás intentando.

-Si ya lo has _____(hacer), pues nada.

-¿Quién _____(conducir) ayer? ¿José o Marta?

-No puedo entrar ahí, ¿no ves que no_____(caber)?

-Si_____(poner) el teléfono del salón en el despacho, no tendrías que levantarte cada vez que suena.

-Si bebes, no _____(conducir).

-¿_____(decir)ella la verdad? Yo creo que no.

-¿_____(estar) ayer en el centro y no me llamaste?

-¡Quién_____(tener) una casa!

-No sabes cuánto te_____(agradecer) que me hayas comprado el libro.

-Yo_____(valer) mucho más de lo que tú crees.

-_____(sentir) mucho que hayas llegado tarde a la cita por mi culpa. ¿_____(poder) perdonarme?

-Si te_____(reír) más, te dolerá la boca.

2. Forma oraciones con:

-Anduve (yo)

-Sé (yo)

-Sepa (yo)

-Supieras (tú)

-Tuviéramos (nosotros)

-Veían (ellos)

-Irguió (él)

-Yerre (yo)
-Caigo (yo)
-Haríais (vosotros)
-Eran (ellos)
-Doy (yo)
-Voy (yo)
-Leyéramos (nosotros)
-Huyáis (vosotros)
-Convenga (tú)
-Mulló (él)
-Anduvo (él)
-Anduvieron (ellos)
-Trajimos (nosotros)
-Murió (él)

3. **Conjuga los siguientes verbos en el tiempo indicado:**

-Pretérito perfecto simple de Indicativo del verbo 'andar'.
-Gerundio del verbo 'errar'.
-Presente de subjuntivo del verbo 'ser'.
-Participio del verbo 'describir'.
-Futuro de indicativo del verbo 'hacer'.
-Pretérito imperfecto de subjuntivo del verbo 'saber'.
-Gerundio del verbo 'erguir'.
-Condicional del verbo 'poder'.
-Participio del verbo 'escribir'.
-Presente de indicativo del verbo 'mover'.
-Imperativo del verbo 'oír'.
-Pretérito perfecto de indicativo del verbo 'sentir'.
-Condicional de indicativo del verbo 'decir'.
-Participio del verbo 'morir'.
-Pretérito imperfecto de subjuntivo del verbo 'leer'.
-Condicional de indicativo del verbo 'querer'.
-Futuro de subjuntivo del verbo 'venir'.
-Participio del verbo 'cubrir'.
-Participio del verbo 'disolver'.
-Presente de indicativo del verbo 'erguir'.
-Presente de indicativo del verbo 'errar'.
-Pretérito perfecto de indicativo del verbo 'distraer'.
-Presente de subjuntivo del verbo 'recaer'.

4. **Di cuáles son las irregularidades del verbo. Pon ejemplos en cada caso.**

Soluciones

1.

anduve/ haz/ erramos/ era/ podré/ vean/ imprimido (o impreso)/ dijeras/ hecho/ condujo/ quepo/ pusieras/ conduzcas/ dijo/ estuviste/ tuviera/ agradezco/ valgo/ siento/ puedes (podrás)/ ríes.

2.

-Anduve todo lo que mis piernas pudieron resistir.
-Sé muy bien que la prima de Elena no dice la verdad.
-Que yo sepa, Juan no es tu amigo.
-Ojalá supieras lo feliz que soy.
-Si tuviéramos más dinero podríamos comprar un coche.
-Ellos veían todo lo que sucedía desde su ventana.
-Se irguió nada más verme.
-Que yo yerre no significa que todos tengan que hacerlo.
-Caigo yo para que no caigáis los demás.
-¿Haríais vosotros los mismo que he hecho yo?
-Eran unos hombres muy atractivos.
-Doy todo mi dinero a cambio de la felicidad.
-Voy contigo al parque.
-Ojalá leyéramos más de lo que leemos.
-Que huyáis vosotros, no quiere decir que huyamos también nosotros.
-Haz lo que te convenga.
-Mulló todos los cojines del salón en cinco minutos.
-Anduvo tanto que se mareó al llegar a casa.
-Ellos dicen que anduvieron más que nosotros.
-Trajimos los platos para nada, porque no se usaron.
-El padre de Maite se murió hace dos años.

3. Conjuga los siguientes verbos en el tiempo indicado:

-*anduve, anduviste, anduvo, anduvimos, anduvisteis, anduvieron*
-*errando*
-*sea, seas, sea, seamos, seáis, sean*
-*descrito*
-*haré, harás, hará, haremos, haréis, harán*
-*supiera/ supiese, supiera/ supieses, supiera/ supiese,*

supiéramos/ supiésemos, supierais/ supieseis, supieran/
supiesen
-irguiendo
-podría, podrías, podría, podríamos, podríais, podrían
-escrito
-muevo, mueves, mueve, movemos, movéis, mueven
-oye, oiga, oid, oigan
-sentí, sentiste, sintió, sentimos, sentisteis, sintieron
-diría, dirías, diría, diríamos, diríais, dirían
-muerto
-leyera/ leyese, leyeras/ leyeses, leyera/ leyese, leyéramos/
leyésemos, leyerais/ leyeseis, leyeran/ leyesen
-querría, querrías, querría, querríamos, querríais, querrían
-viniere, vinieres, viniere, viniéremos, viniereis, vinieren
-cubierto
-disuelto
-yergo, yergues, yergue, erguimos, erguís, yerguen
-yerro, yerras, yerra, erramos, erráis, yerran
-distraje, distrajiste, distrajo, distrajimos, distrajisteis, dis-
trajeron
-recaiga, recaigas, recaiga, recaigamos, recaigáis, recaigan

4.

Diptongación e en ie/ i en ie/ o en ue/ u en ue.
Ej: tender? tiendo / adquirir? adquiero/ aprobar?
apruebo/ jugar? juego cierre e en i/ o en u/ a en e
Ej: desvestir? desvisto/ cierre y diptongación e en i en unos
casos y en ie en otros refuerzo interposición de ,c, z g, y entre la
raíz y las terminaciones.
Sustitución por y.
Verbos con pretérito fuerte andar, caber, conducir, decir,
estar, haber, hacer, poder, poner, querer, saber...
Supresión de vocal poder, podré (supresión de e, *poderé).
Adición de 'y'doy, voy.
Participio irregular en –to, -so, -cho.
Casos especiales ser, haber, estar, decir...

140

Capítulo VII

El verbo, III

1. Clases de verbos

Las distintas clases de verbos existentes se pueden ver esquematizadas en la siguiente tabla. Un esquema previo al análisis de cada una de ellas, para que pueda el lector hacerse primero una idea general antes de entrar en cada caso particular.

- Impersonales: *llover, nevar, amanecer, deshelar, diluviar...*

- Pronominales: *acordarse, arrepentirse...*

- Transitivos: *comer, beber, tener, comprar, querer, buscar...*

- Intransitivos: *quedar, volver, llegar, viajar, pasear...*

- Copulativos: *ser, estar, parecer*

- Auxiliares: *haber*

- Perífrasis verbales: *deber de + infinitivo, tener que + infinitivo...*

2. Verbos impersonales

Verbos impersonales son aquellos verbos que carecen de sujeto. Son impersonales:

a) Los verbos que expresan fenómenos atmosféricos: *llover, nevar, amanecer, atardecer, clarear, escampar, escarchar, granizar, deshelar, diluviar, granizar, helar...* Se conjugan únicamente en tercera persona del singular:

Llueve mucho.
Está nevando poco.
Ha amanecido a las seis.

Estos verbos se llaman impersonales porque no pueden tener sujeto, es decir, persona, animal o cosa que realice la acción:

*yo lluevo mucho
*tú estás nevando poco
*atardecen antes

En el caso de *amanecer* podemos encontrarlo con sujeto, pero siempre en sentido metafórico: *amanecimos a las dos del mediodía.*

También en el caso de *llover* puede aparecer sujeto siempre y cuando el verbo *llover* tenga un sentido metafórico: *te llueven encima mil problemas.*

b) *Acaecer, acontecer, alborear, atañer...*

c) Y por último el verbo *haber*:

Hay mucha gente.
Hay una persona.
Hay diez personas.
Hay un niño.
Hay un plato.
Hay dos platos.

3. Verbos pronominales

Los verbos pronominales se llaman pronominales porque el rasgo que los define es que van siempre acompañados por un pronombre átono: *me, te, se, nos, os, se.*

Por ejemplo, el verbo *arrepentirse* tiene necesariamente que conjugarse con un pronombre átono, de lo contrario carecería de sentido.

me arrepiento
te arrepientes
se arrepiente
nos arrepentimos
os arrepentís
se arrepienten

Ejemplo:

Me arrepiento de haber actuado así.

Si prescindimos del pronombre átono sucede lo siguiente:

*Arrepiento de haber actuado así.

Dentro de los considerados verbos pronominales hay que diferenciar aquéllos que, como *arrepentirse*, sólo pueden conjugarse con pronombre átono, y aquéllos que pueden conjugarse con pronombre átono y sin él. En este último caso, lo que sucederá es que variará el significado, pues no significará igual si el verbo va con pronombre átono que si va sin él. No es lo mismo decir: *voy* que decir: *me voy*. En el primer caso necesitaríamos acabar la frase aclarando el lugar al que *voy*, mientras que en el segundo, *me voy* quiere decir que *me voy* del lugar en el que me encuentro.

4. Verbos transitivos y verbos intransitivos

Son transitivos los verbos que exigen un complemento directo (ver complemento directo en capítulo XVI, apartado 1.2.):

Quiero patatas.
Tengo un lápiz.

Son intransitivos los que no pueden llevar complemento directo:

Voy a casa.
Me marché enseguida.

5. Verbos copulativos

Ser, estar, parecer son los verbos copulativos por excelencia, aunque hay otros que no siéndolo pueden comportarse como tales y en tal caso ser considerados copulativos.

Un verbo es copulativo cuando funciona como una cópula, elemento de unión entre el sujeto y el atributo (ver atributo en el capítulo XVI, apartado 1.1.).

Ejemplo de verbo copulativo:
Estoy enfermo.

El verbo une el sujeto (*yo*) con el atributo (*enfermo*).

Siempre que un verbo es copulativo, o se comporta como tal, requiere obligatoriamente la presencia de un atributo.

Ser, estar, parecer pueden en determinados contextos no funcionar como copulativos:

Estoy en Madrid.

Ser, estar, parecer no serán copulativos cuando no haya en la oración atributo.

Hay también verbos que no siendo propiamente copulativos pueden funcionar como si lo fueran:

Juan se volvió agresivo.

Agresivo viene a ser como un atributo, y el verbo *se volvió* funciona como una cópula.

6. Verbos auxiliares

Los verbos auxiliares son aquéllos que preceden al verbo principal o núcleo verbal y que están presentes en:

a) Los tiempos compuestos de la voz activa: auxiliar + principal (o núcleo verbal).

b) La voz pasiva.

c) Las perífrasis verbales.

a) El auxiliar de los tiempos compuestos de la voz activa es siempre el verbo *haber*, y es él quien se conjuga, ya que el verbo que hemos denominado principal será siempre participio:

he comido, has comido, ha comido, hemos comido, habéis comido, han comido.

b) La voz pasiva se forma con un auxiliar + participio. En este caso el auxiliar no es *haber* sino *ser*, y es el auxiliar el que se conjuga, permaneciendo el verbo 'principal' en participio:

soy mirado, eres mirado, es mirado, somos mirados, sois mirados, son mirados.

c) Auxiliar es también uno de los dos verbos que forman la perífrasis verbal, y que se explica en el siguiente apartado.

7. Perífrasis verbales

Se forman con un verbo en forma personal (conjugado) y otro en forma no personal (infinitivo, participio, gerundio): *anda contando historias*. En el ejemplo *anda contando* es el verbo, la perífrasis y está formada por *anda* que es el verbo en forma personal (conjugado) y *andando* que es la forma no personal, gerundio en este caso. Se aprecia en el ejemplo que *andar* ha perdido su significado pues no expresa el movimiento equivalente a *caminar* sino que funciona como un auxiliar de *andando* que es el que da el significado a toda la perífrasis.

Este rasgo es fundamental a la hora de distinguir una perífrasis de lo que no lo es, pues basta con comprobar que uno de los dos verbos ha perdido su significado.

Las perífrasis pueden clasificarse así:

• Aspectuales: informan sobre el aspecto (duración de la acción).

> *Estar, andar, venir, seguir, continuar* + gerundio*: está cantando, anda contando chistes, viene costando trescientos millones...*
> *Ir a* + infinitivo*: va a salir, va a comer, va a venir...*
> *Acabar de* + infinitivo*: acaba de llegar.*
> *Empezar a, ponerse a* + infinitivo*: se pone a cantar, empieza a cantar.*
> *Tener, dejar, llevar* + participio*: tengo pagadas dos hipotecas, llevo pagadas dos hipotecas.*
> *Echarse a* + infinitivo*: echó a correr.*
> *Llegar a* + infinitivo*: llegó a pesar cien kilos.*

• Modales: informan sobre la actitud del hablante:

> *Tener que, deber* + infinitivo: obligación. *Tienes que ir ahora mismo. Debes ir ya.*
> *Deber de* + infinitivo: probabilidad. *Deben de ser las ocho.*
> *Venir a* + infinitivo: aproximación. *Viene a costar veinte euros aproximadamente.*

Ejercicios

1. ¿Qué son verbos pronominales? Pon ejemplos.

2. Define verbos transitivos e intransitivos.

3. Escribe dos oraciones con verbos transitivos y dos oraciones con verbos intransitivos.

4. ¿Es el verbo 'estar' siempre copulativo? Ejemplo.

5. Escribe oraciones que contengan las siguientes perífrasis:

   -Tener que + infinitivo:
   -Deber + infinitivo:
   -Deber de + infinitivo:
   -Echar a + infinitivo:
   -Acabar de + infinitivo:
   -Venir a + infinitivo:
   -Tener + participio:

6. ¿Cuál es la diferencia entre deber + infinitivo y deber de + infinitivo? Pon ejemplos.

7. Escribe tres oraciones que contengan verbos copulativos.

8 ¿Qué es un verbo auxiliar?

Soluciones

1.

Verbos pronominales son aquéllos que se conjugan con un pronombre átono. Unos sólo pueden hacerlo así, otros, en cambio, admiten conjugación con el pronombre átono y conjugación sin el pronombre átono. En este último caso, lo que varía es su significado. Ejemplos: *acordarse, irse, marcharse...*

2.

Transitivos son aquellos verbos que exigen la presencia de un complemento directo. Ejemplos: *querer, comprar, tener, saber...*

Intransitivos son aquellos verbos que no pueden llevar complemento directo.

Ejemplos: *quedar, salir, pasear...*

3.

Transitivos: María quiere carne. Pepe compró caramelos.
Intransitivos: Paseo mucho. Salgo ahora mismo.

4.

El verbo *estar* no es siempre copulativo, sólo cuando lleva atributo.

Ejemplo de *ser* no copulativo: Estoy aquí.

5.

-Tener que + infinitivo: tengo que leer más.
-Deber + infinitivo: debes ir a clase todos los días.
-Deber de + infinitivo: deben de ser las siete.
-Echar a + infinitivo: se echó a llorar nada más verme.
-Acabar de + infinitivo: acaba de llegar y ya está dando órdenes.
-Venir a + infinitivo: esa frase lo que viene a decir es que te calles.
-Tener + participio: lo tengo controlado, ¿sabes?

6.

Deber + infinitivo expresa obligación: *debes ir*, mientras que *deber de + infinitivo* expresa duda: *deben de ser las doce de la mañana.*

7.

-Juana está enferma.
-Yo no soy una loca.
-Pedro parece cansado.

8. Escribe tres oraciones que contengan verbos auxiliares.

-<u>He</u> comido demasiado.
-<u>Fui</u> atracada en el parque por dos ladrones.
-<u>Tengo</u> que estudiar.

Capítulo VIII

El verbo, IV

Hasta ahora se han analizado las conjugaciones y las clases de verbos, pero, salvo en el apartado de los auxiliares, todo ello referente a la voz activa. Así pues, dedicamos este capítulo a la voz pasiva.

1. La voz pasiva

Activa	Pasiva
robo	soy robado
secuestras	eres secuestrado

Tal y como se puede comprobar en la tabla, el verbo pasivo (*soy robado*) se construye con el verbo *ser* conjugado en el tiempo que le corresponda (en la tabla el verbo en activa está en presente, por lo que el verbo *ser* que forma la pasiva está en presente: *soy, eres*) y el participio del verbo en cuestión (*robado, secuestrado*).

Si el verbo en activa es *robó* lo convertimos en verbo pasivo así: *fue robado*.

miro: soy mirado
he visto: he sido visto
observarás: serás observado

2. La conjugación pasiva

Así es como se conjuga un verbo en voz pasiva:

amo: soy amado
amas: eres amado
ama: es amado
amamos: somos amados
amáis: sois amados
aman: son amados

Como ya se explicó se conjuga el auxiliar (*ser*) y el verbo principal siempre aparece en participio.

A continuación se presenta la tabla de conjugación del verbo en voz pasiva. Será siempre igual la conjugación, siendo el participio lo único que varíe, pues dependerá del verbo de que se trate.

2.1. *Indicativo*

Presente	*Pretérito perfecto*
soy amado (visto, mirado...)	era amado
eres amado	eras amado
es amado	era amado
somos amados	éramos amados
sois amados	erais amados
son amados	eran amados

Pretérito perfecto/Indefinido	*Futuro imperfecto*
fui amado	seré amado
fuiste amado	serás amado
fue amado	será amado
fuimos amados	seremos amados
fuisteis amados	seréis amados
fueron amados	serán amados

Condicional	*Condicional compuesto*
sería amado	habría sido amado
serías amado	habrías sido amado
sería amado	habrías sido amado
seríamos amados	habríamos sido amados
seríais amados	habríais sido amados
serían amados	habrían sido amados

Pretérito perfecto compuesto	*Pretérito pluscuamperfecto*
he sido amado	había sido amado
has sido amado	habías sido amado
ha sido amado	había sido amado
hemos sido amados	habíamos sido amados
habéis sido amados	habíais sido amados
han sido amados	habían sido amados

Pretérito anterior	Futuro perfecto
hube sido amado	habré sido amado
hubiste sido amado	habrás sido amado
hubo sido amado	habrá sido amado
hubimos sido amados	habremos sido amados
hubisteis sido amados	habréis sido amados
hubieron sido amados	habrán sido amados

2.2. Subjuntivo

Presente	Pretérito perfecto
sea amado	haya sido amado
seas amado	hayas sido amado
sea amado	haya sido amado
seamos amados	hayamos sido amados
seáis amados	hayáis sido amados
sean amados	hayan sido amados

Pretérito imperfecto	Pretérito pluscuamperfecto
fuera/ fuese amado	hubiera/ hubiese sido amado
fueras/ fueses amado	hubieras/ hubieses sido amado
fuera/ fuese amado	hubiera/ hubiese sido amado
fuéramos/ fuésemos amados	hubiéramos/ hubiésemos sido amados
fuerais/ fueseis amados	hubierais/ hubieseis sido amados
fueran/ fuesen amados	hubieran/ hubiesen sido amados

Futuro imperfecto	Futuro perfecto
fuere amado	hubiere sido amado
fueres amado	hubieres sido amado
fuere amado	hubiere sido amado
fuéremos amados	hubiéremos sido amados
fuereis amados	hubiereis sido amados
fueren amados	hubieren sido amados

2.3. Imperativo

Sé amado (tú)	Sea amado (usted)
Sed amados (vosotros)	Sean amados (ustedes)

3. Formas no personales

- Infinitivo: *ser amado*
- Iinfinitivo compuesto: *haber sido amado*
- Gerundio: *siendo amado*
- Gerundio compuesto: *habiendo sido amado*

De esta forma se conjugan todos los verbos, ya sean de la 1ª, 2ª o 3ª. El verbo *ser* tal y como acabamos de ver es el que se conjuga, permaneciendo el verbo principal en participio:
soy visto, soy admirado, soy enseñado...

Ejercicios

1. **Conjugue los siguientes verbos en voz pasiva:**

   -Presente de indicativo de *ver*.
   -Pretérito pluscuamperfecto de subjuntivo del verbo *acusar*.
   -Pretérito perfecto compuesto de indicativo del verbo *atracar*.
   -Futuro perfecto de indicativo del verbo *molestar*.
   -Pretérito imperfecto de subjuntivo del verbo *vestir*.
   -Pretérito imperfecto de indicativo del verbo *medir*.
   -Futuro perfecto de indicativo del verbo *aprobar*.
   -Condicional de indicativo del verbo *suspender*.
   -Condicional compuesto de indicativo del verbo *atacar*.
   -Pretérito perfecto de subjuntivo del verbo *atrapar*.
   -Imperativo del verbo *embellecer*.
   -Pretérito anterior del verbo *castigar*.

2. **Ponga los verbos que faltan. Todos han de ser pasivos.**

   - La mujer de Alfonso_____(secuestrar) ayer por una banda de secuestradores.
   -Marta_____(contratar) por una empresa americana. El contrato _____(firmar) ayer por la tarde.
   -Mis padres_____(atracar) en dos ocasiones.
   -Mi coche fue robado hace un año y aún no _____(hallar).
   -Las imágenes_____(ceder) por la editorial cuando publiquemos la obra.
   -El ladrón_____(detener) por la policía hace dos días.
   -La camisa que llevas puesta_____(diseñar) por una mujer española.
   -El vecino de Antón_____(asesinar) hace dos meses.
   -La casa_____(destruir) en el año 1867.
   -El teléfono_____(inventar) por un hombre, no por una mujer.

Soluciones

1. Conjugue los siguientes verbos:

-soy visto, eres visto, es visto, somos vistos, sois vistos, son vistos.

-hubiera/ hubiese sido acusado, hubieras/ hubieses sido acusado, hubiera/ hubiese sido acusado, hubiéramos/ hubiésemos sido acusados, hubierais/ hubieseis sido acusados, hubieran/ hubiesen sido acusados.

-he sido atracado, has sido atracado, ha sido atracado, hemos sido atracados, habéis sido atracados, han sido atracados.

-habré sido molestado, habrás sido molestado, habrá sido molestado, habremos sido molestados, habréis sido molestados, habrán sido molestados.

-fuera/ fuese vestido, fueras/ fueses vestido, fuera/ fuese vestido, fuéramos/ fuésemos vestidos, fuerais/ fueseis vestidos, fueran/ fuesen vestidos.

-era medido, eras medido, era medido, éramos medidos, erais medidos, eran medidos.

-habré sido aprobado, habrás sido aprobado, habrá sido aprobado, habremos sido aprobados, habréis sido aprobados, habrán sido aprobados.

-sería suspendido, serías suspendidos, sería suspendido, seríamos suspendidos, seriais suspendidos, serían suspendidos.

-habría sido atacado, habrías sido atacado, habría sido atacado, habríamos sido atacados, habríais sido atacados, habrían sido atacados.

-haya sido atrapado, hayas sido atrapado, haya sido atrapado, hayamos sido atrapados, hayáis sido atrapados, hayan sido atrapados.

-sé embellecido, sea embellecido, sed embellecidos, sean embellecidos.

-hube sido castigado, hubiste sido castigado, hubo sido castigado, hubimos sido castigados, hubisteis sido castigados, hubieron sido castigados.

2.

- fue secuestrada/ ha sido contratada, fue firmado/ han sido atracados/ ha sido hallado/ serán cedidas/ ha sido detenido/ ha sido diseñada/ fue asesinado/ fue destruida/ fue inventado.

Capítulo IX

El adverbio

1. El adverbio. Definición

El adverbio es una palabra invariable, es decir, que no varía ni de género ni de número. No concuerda, por tanto, con ninguna otra palabra.

Tiene significado propio.

Modifica al verbo, al adjetivo o a otro adverbio.

Ejemplos de adverbio modificando al verbo:

Hoy has estudiado <u>mucho</u>.

Ayer comiste <u>poco.</u>

Con esto tienes <u>bastante</u>.

Ejemplos de adverbio modificando a un adverbio:

Ayer no cantaste <u>muy</u> bien. (El adverbio *muy* modifica al adverbio *bien*).

¡La vida te ha tratado <u>tan</u> bien! (El adverbio *tan* modifica al adverbio *bien*).

Ejemplos de adverbio modificando al adjetivo:

Llevas la melena <u>terriblemente</u> corta. (El adverbio *bastante* modifica al adjetivo *corta*).

Esa camisa está <u>verdaderamente</u> sucia. (El adverbio *demasiado* modifica al adjetivo *sucia*).

Juan ha sido <u>realmente</u> sincero. (El adverbio *realmente* modifica al adjetivo *sincero*).

Puede también actuar complementando a toda la oración:

<u>Honestamente</u>, este trabajo no es el trabajo ideal.

<u>Francamente</u>, no comparto tu opinión.

<u>Evidentemente</u>, Juana no fue quien se puso tu chaqueta.

El adverbio expresa cantidad (*mucho, poco, demasiado, suficiente...*), distancia (*lejos, cerca...*), negación (*no, nunca, jamás...*), afirmación (*sí, de acuerdo...*), tiempo (*hoy, mañana, luego, después, siempre, apenas...*), modo (*lentamente, deprisa, así...*), lugar (*allí, aquí, allá...*).

Todas las palabras terminadas en –*mente* (*honestamente, honradamente, fuertemente, amorosamente, silenciosamente, eternamente, previamente, abundantemente...*) son adverbios. Muchos de ellos se han formado a partir de un adjetivo: *fuertemente* (*fuerte*), *honradamente* (*honrado*), *honestamente* (*honesto*)...

Hay ciertos adverbios que en ciertos contextos se acortan:

Esta falda es <u>muy</u> corta.

Muy es el adverbio *mucho* acortado.
Igual sucede con *tan*, acortamiento de *tanto*.

Estás <u>tan</u> guapa.

Lo mismo le ocurre a *cuán,* acortamiento de *cuánto:*

¡<u>Cuán</u> lindo!

Recién, muy, tan y cuán son adverbios que no pueden aparecer solos. Y modifican a adjetivos o a adverbios:

    muy tarde   tan pronto   cuán hermoso

2. Clases de adverbios según su significado

2.1. *Adverbios de lugar*

Los adverbios de lugar señalan o indican el lugar donde sucede la acción.

• Adverbios de lugar: *aquí, allí, allá, lejos, cerca, dentro, ahí, adelante, atrás, adonde, donde, dónde, adónde, encima, arriba, detrás...*

He estado <u>allí</u>/ <u>aquí</u>/ <u>dentro</u>.
Yo iré <u>delante</u>/ <u>detrás</u>.
Está <u>arriba</u>/ <u>abajo</u>/ <u>encima</u>.
Estaba <u>donde</u> tú dijiste.
¿<u>Dónde</u> vas?

2.2. Adverbios de tiempo

Los adverbios de tiempo informan acerca del momento concreto en que sucede la acción.

• Adverbios de tiempo: *hoy, mañana, ayer, tarde, pronto, luego, aún, nunca, ya, recién, antes, después, todavía, mientras, enseguida, temprano...*

Hoy/ mañana/ luego/ después iré a ver a María.

El verbo (*iré*) sitúa la acción en un tiempo futuro pero es el adverbio el que concreta en qué momento del futuro sucederá: *hoy, mañana, luego* o *después.*

Llegué tarde/ pronto/ enseguida/ temprano.
Estuve antes con Raquel.
Ya la he visto.
Todavía no sé si he aprobado el examen de lengua.
Mientras tú haces la compra, yo coseré tu vestido.

2.3. Adverbios de modo

Los adverbios de modo informan acerca de cómo se realiza la acción del verbo, el modo en que se lleva a cabo.

• Adverbios de modo: *así, bien, mal, regular...*

Prefiero hacerlo así, es más fácil.
Que lo haga bien o mal es lo de menos.
Has aprobado el examen, pero está regular.

2.4. Adverbios de afirmación

Los adverbios de afirmación expresan como su propio nombre indica una afirmación.

• Adverbios de afirmación: *sí, claro, seguro, bueno, también, efectivamente, naturalmente...*

Te he dicho que sí, que iré contigo a la fiesta.
Eso también lo sé.
Seguro que Carlota sacará buenas notas.

157

2.5. *Adverbios de negación*

Los adverbios de negación expresan una negación.

• Adverbios de negación: *no, tampoco, nunca, jamás...*

Te he dicho <u>no</u> más de veinte veces.
<u>Tampoco</u> creo que vaya a venir Carla.
<u>Jamás</u> haría algo así de ruin.
<u>Nunca</u> he fumado.

2.6. *Adverbios de duda*

Expresan duda.

• Adverbios de duda: *quizá...*

<u>Quizá</u> pueda venir esta tarde.

2.7. *Adverbios de deseo*

Expresan deseo.

• Adverbios de deseo: *ojalá, acaso...*

<u>Ojalá</u> todo resulte como esperas.
<u>Acaso</u> en el futuro las cosas cambien.

3. Adverbios exclamativos

Estos adverbios aparecen siempre entre exclamaciones o en oraciones con sentido exclamativo.

• Adverbios exclamativos: *qué, cuán, cuándo...*

¡<u>Qué</u> tontería!
¡<u>Cuán</u> inútil ha resultado mi esfuerzo!
¡<u>Cuándo</u> cambiarás!

4. Adverbios interrogativos

Los adverbios interrogativos van entre interrogaciones o en oraciones con sentido interrogativo.

• Adverbios interrogativos: *¿dónde?*, *¿cuándo?*, *¿cómo?*, *¿cuánto?*...

¿Cuándo piensas volver a casa con tu familia?
¿Cómo crees que lo he conseguido?
¿Cuánto te han dado por el coche?

5. Adverbios relativos

Donde, como, cuanto, cuando son los denominados adverbios relativos, lo que no significa que según su significado no expresen tiempo, modo, lugar... etc, pues sí lo expresan. *Donde:* lugar; *como:* modo; *cuanto:* cantidad, *cuando:* lugar.

Como veremos en el capítulo XV (apartado 2.2.), los relativos introducen oraciones de relativo, se refieren a un elemento anterior, denominado antecedente.

La casa donde vives es muy bonita.

El adverbio relativo *donde* se refiere a *casa*, siendo por tanto esta palabra su antecedente.

El modo como lo lograron lo desconozco.

El adverbio *como* se refiere a *el modo*, que es su antecedente.

6. Locuciones adverbiales

Una locución adverbial está formada por dos o más palabras cuyo comportamiento es igual que el de un adverbio.

Ejemplo: *de repente*. Son dos palabras que se comportan como un adverbio. Expresa tiempo, pues ¿cuándo ocurrió?: *de repente*.

Más locuciones adverbiales: *sin ton ni son, a oscuras, a lo mejor, a propósito, desde luego, sin embargo, no obstante, en cambio, por (lo) tanto, tal vez, en medio de... etc.*

Ejercicios

1. Identifique los adverbios que hay en el texto:

Mrs. Withman se encargó amablemente de suministrarle las provisiones pertinentes y él marchó en busca de la vieja que le habían recomendado [...]. Cuando, al cabo de unas dos horas, regresó en compañía de ésta a la casa del juez, se encontró con que le estaba esperando allí Mrs. Withman en persona, en compañía de varios hombres y chiquillos portadores de diversos paquetes e incluso de una cama, que habían transportado en un carrito, pues como decía ella, aunque las sillas y las mesas pudiesen estar todas muy bien conservadas y utilizables, no era bueno ni propio de huesos jóvenes descansar en una cama que por lo menos hacía cincuenta años que no había sido oreada. La buena mujer sentía evidente curiosidad por ver el interior de la casa, y recorrió todo el lugar, a pesar de manifestarse tan temerosa de los 'algos' que, al menor ruido, se agarraba a Malcolmson, del cual no se separó un instante.

Después de haber examinado la casa, Malcolmson decidió fijar su residencia en el gran comedor, que era lo suficientemente espacioso para satisfacer todas sus necesidades; y Mrs. Withman, con la ayuda de Mr. Dempster, la asistenta, procedió a arreglar las cosas. Cuando entraron y desempaquetaron los bultos, vio Malcolmson que, con mucha y bondadosa previsión, habíale ella enviado de su propia cocina provisiones suficientes para algunos días. La excelente posadera, antes de irse, expresó toda clase de buenos deseos, y ya en la misma puerta se volvió para decir:

—Quizá, señor, como la habitación es grande y con mucha corriente de aire pudiera ser que no le viniera mal poner uno de esos biombos grandes alrededor de la cama, por la noche... Pero, la verdad sea dicha, yo me moriría si tuviera que quedarme aquí, encerrada con toda clase de... de 'cosas' ¡que asomarán sus cabezas por los lados o por encima del biombo y se pondrían a mirarme!— La imagen que acababa de evocar fue excesiva para sus nervios y huyó sin poderse contener.

Fragmento de *La casa del juez*, Bram Stoker

2. Ponga adjetivo o adverbio según convenga:

-¡Qué _____ es Juan! (honesto/ honestamente)
-Juan se comportó _____. (honesto/ honestamente)
-_____, creo que te has equivocado casándote con Paco. (sincera/ sinceramente)

3. Ponga el adverbio adecuado en cada caso:

bastante, nunca, estupendamente, sí, tampoco, pronto, no, mientras, cuando, siempre, ya.
-Ya he comido _____, así que no me sirvas más.
-Como no llegues _____ no te recibiré.
-_____ella ha visto la película.
-Lava _____mientras yo seco.
-Esquía _____. Ha quedado el primero en la carrera.
-Ya te he dicho que _____, que mañana iré a buscarte.
-_____llegues, llámame. _____me quedo tranquila hasta que me llamas.
-_____llegas a la hora exacta en que hemos quedado. Contigo da gusto quedar.
-Es un maleducado, _____cede el paso.
-No te preocupes, todo ha concluido _____.

4. Escriba oraciones con:

-felizmente
-despacio
-menos
-tampoco
-quizá
-acaso
-luego
-discretamente
-tarde
-bien
-mal
-casi
-así
-enseguida
-lejos

161

-nunca
-probablemente
-precisamente

5. Clasifique los siguientes adverbios:

-sí
-no
-allí
-mañana
-bueno
-bastante
-ojalá
-nunca
-jamás
-pronto

6. Señale los pronombres y los adverbios que encuentre en el texto:

Mrs. Dempster lanzó un despectivo resoplido con aires de superioridad, cuando la posadera se fue, e hizo constar que ella, por su parte, no se sentía inclinada a atemorizarse ni ante todos los duendes del Reino.

—Le voy a decir a usted lo que pasa, señor —dijo—; los duendes son toda clase de cosas... ¡menos duendes! Ratas, ratones y escarabajos; puertas que crujen, y tejas caídas, y pucheros rotos, y tiradores de cajones que aguantan firmes cuando usted tira de ellos y luego se caen solos en medio de la noche. ¡Mire usted el zócalo de la habitación! ¡Es viejo..., tiene cientos de años! ¿Cree que no va a haber ratas y escarabajos ahí detrás? ¿Y se imagina usted, señor, que va a pasar sin ver a unas y a otros? Las ratas son los duendes, se lo digo yo, y los duendes son las ratas...¡Y no crea otra cosa!

—Mrs. Dempster —dijo Malcolmson gravemente, haciéndole una pequeña inclinación—. ¡Usted sabe más que un catedrático de Matemáticas! Y permítame decirle que, en señal de mi estimación por su indudable salud mental, le daré cuando me vaya, posesión de esta casa, y le permitiré residir aquí a usted sola durante los dos últimos meses de mi alquiler, ya que las cuatro primeras semanas serán suficientes para mis propósitos.

—*Muchas gracias de todo corazón, señor!* —*repuso ella—.* *Pero no puedo dormir ni una noche fuera de mi dormitorio. Vivo en la Casa de la Caridad de Greenhow, y si pasase una noche fuera de mis habitaciones perdería todos los derechos de seguir viviendo allí. Las reglas son muy estrictas, y hay demasiada gente esperando una vacante [...]. Si no fuera por esto, señor, vendría gustosamente a dormir aquí para atenderle durante su estancia.*

—*Mi buena señora* —*dijo Malcolmson apresuradamente—,* *he venido con el propósito de estar solo, y créame que estoy muy agradecido al señor Greenhow por haber organizado su casa de caridad, o lo que sea, en forma tan admirable, que a la fuerza me vea privado de tener que soportar tan tremenda tentación.*

La vieja rió ásperamente.

Fragmento del relato *La casa del juez*, Bram Stoker

7. Escriba cinco oraciones. Cada una de ella debe contener un pronombre y un adverbio.

Soluciones

1.

Mrs. Withman se encargó <u>*amablemente*</u> [adverbio de modo] *de suministrarle las provisiones pertinentes y él marchó en busca de la vieja que le habían recomendado [...].* <u>*Cuando*</u> [adverbio de tiempo] *al cabo de unas dos horas, regresó en compañía de ésta a la casa del juez, se encontró con que le estaba esperando* <u>*allí*</u> [adverbio de lugar] *Mrs. Withman en persona, en compañía de varios hombres y chiquillos portadores de diversos paquetes e incluso de una cama, que habían transportado en un carrito, pues* <u>*como*</u> [adverbio de modo] *decía ella, aunque las sillas y las mesas pudiesen estar todas* <u>*muy*</u> [adverbio intensificador] <u>*bien*</u> [adverbio de modo] *conservadas y utilizables, no era bueno ni propio de huesos jóvenes descansar en una cama que por lo menos hacía cincuenta años que no había sido oreada. La buena mujer sentía evidente curiosidad por ver el interior de la casa, y recorrió todo el lugar, a pesar de manifestarse tan temerosa de los 'algos' que, al menor ruido, se agarraba a Malcolmson, del cual no se separó un instante.*

<u>*Después*</u> [adverbio de tiempo] *de haber examinado la casa, Malcolmson decidió fijar su residencia en el gran comedor, que era lo* <u>*suficientemente*</u> [adverbio de modo] *espacioso para satisfacer todas sus necesidades; y Mrs. Withman, con la ayuda de Mr. Dempster, la asistenta, procedió a arreglar las cosas.* <u>*Cuando*</u> [adverbio de tiempo] *entraron y desempaquetaron los bultos, vio Malcolmson que, con mucha y bondadosa previsión, habíale ella enviado de su propia cocina provisiones suficientes para algunos días. La excelente posadera,* <u>*antes*</u> [adverbio de tiempo] *de irse, expresó toda clase de buenos deseos, y* <u>*ya*</u> [adverbio de tiempo] *en la misma puerta se volvió para decir:*

—<u>*Quizá*</u> [adverbio de duda] *señor, como la habitación es grande y con mucha corriente de aire pudiera ser que no le viniera* <u>*mal*</u> [adverbio de modo] *poner uno de esos biombos grandes* <u>*alrededor*</u> [adverbio de lugar] *de la cama, por la noche... Pero, la verdad sea dicha, yo me moriría si tuviera que quedarme* <u>*aquí*</u> [adverbio de lugar]*, encerrada con toda clase de... de 'cosas' ¡que asomarán sus cabezas por los lados o por* <u>*encima*</u> [adverbio de lugar] *del biombo y se pondrían a mirar-*

me!— *La imagen que acababa de evocar fue excesiva para sus nervios y huyó sin poderse contener.*

Fragmento de *La casa del juez*, Bram Stoker

2.

honesto/ honestamente/ sinceramente

3.

pronto/ tampoco/ mientras/ poco/ estupendamente/ sí/ cuando, no/ siempre/ nunca/ ya

4.

Todo terminó <u>felizmente.</u>/ Te he dicho que vayas <u>despacio</u> con el coche./ Quiero <u>menos</u>./ <u>Tampoco</u> es para que te pongas así./ <u>Quizá</u> mañana tu suerte cambie./ <u>Acaso</u> nuestros problemas no sean tan complicados como creemos./ Iré <u>luego</u> a tu casa./ Hazlo, pero <u>discretamente</u>./ Llegaste <u>tarde</u>./ Hazlo <u>bien</u>./ Habla <u>mal</u>./ Yo prefiero que seas <u>así</u>./ <u>Casi</u> no me acuerdo. / <u>Enseguida</u> vuelvo./ Tu casa está demasiado <u>lejos</u>./ <u>Nunca</u> debiste dejar ese trabajo./ <u>Probablemente</u> Mauro ya sepa toda la verdad./ <u>Precisamente</u> de eso quería hablarte.

5.

- -sí: de afirmación
- -no: de negación
- -allí: de lugar
- -mañana: de tiempo
- -bueno: de afirmación
- -bastante: de cantidad
- -ojalá: de deseo
- -nunca: de negación
- -pronto: de tiempo
- -jamás: de negación

6.

Mrs. Dempster lanzó un despectivo resoplido con aires de superioridad, <u>cuando</u> [adverbio] la posadera se fue [...].

—<u>Le</u> [pronombre] voy a decir a <u>usted</u> [pronombre] lo <u>que</u> [pronombre] pasa, señor —dijo—; los duendes son toda clase de

cosas... Ratas, ratones y escarabajos; puertas que [pronombre]
crujen, y tejas caídas, y pucheros rotos, y tiradores de cajones
que [pronombre] *aguantan firmes cuando usted* [pronombre]
tira de ellos [pronombre] *y luego* [adverbio] *se caen solos en*
medio de la noche. ¡Mire usted el zócalo de la habitación! ¡Es
viejo..., tiene cientos de años! ¿Cree que no [adverbio de nega-
ción] *va a haber ratas y escarabajos ahí* [adverbio] *detrás*
[adverbio]? *¿Y se imagina usted* [pronombre], *señor, que va a*
pasar sin ver a unas [pronombre] *y a otros* [pronombre]? *Las*
ratas son los duendes, se [pronombre] *lo* [pronombre] *digo yo*
[pronombre], *y los duendes son las ratas...¡Y no* [adverbio] *crea*
otra cosa!

—Mrs. Dempster —dijo Malcolmson gravemente [adverbio],
haciéndole una pequeña inclinación—. ¡Usted [pronombre] *sabe*
más [adverbio] *que un catedrático de Matemáticas! Y permítame*
decirle [pronombre] *que, en señal de mi estimación por su indu-*
dable salud mental, le [pronombre] *daré cuando me* [pronom-
bre] *vaya, posesión de esta casa, y le* [pronombre] *permitiré*
residir aquí [adverbio] *a usted* [pronombre] *sola durante los dos*
últimos meses de mi alquiler, ya que las cuatro primeras sema-
nas serán suficientes para mis propósitos.

—Muchas gracias de todo corazón, señor! —repuso ella—.
Pero no [adverbio de negación] *puedo dormir ni una noche*
fuera [adverbio] *de mi dormitorio. Vivo en la Casa de la*
Caridad de Greenhow, y si pasase una noche fuera [adverbio]
de mis habitaciones perdería todos los derechos de seguir
viviendo allí [adverbio]. *Las reglas son muy estrictas, y hay*
demasiada gente esperando una vacante [...]. Si no [adverbio de
negación] *fuera por esto, señor, vendría gustosamente* [adver-
bio] *a dormir aquí* adverbio] *para atenderle* [pronombre] *duran-*
te su estancia.

—Mi buena señora —dijo Malcolmson apresuradamente
[adverbio]—, *he venido con el propósito de estar solo, y créame*
[pronombre] *que estoy muy* [adverbio] *agradecido al señor*
Greenhow por haber organizado su casa de caridad, o lo que
sea, en forma tan admirable, que a la fuerza me [pronombre]
vea privado de tener que soportar tan tremenda tentación.

La vieja rió ásperamente [adverbio].

Fragmento del relato *La casa del juez*, Bram Stoker

166

Capítulo X

La preposición

1. La preposición. Definición

La preposición:
Es una palabra invariable, es decir que siempre tiene la misma forma.
Es un elemento de unión.

Iré a Madrid

En el ejemplo la preposición a sirve para enlazar el verbo con el nombre propio.

Hay preposiciones que poseen significado propio, y preposiciones sin significado. La preposición a, por ejemplo, carece por sí sola de cualquier significado. Mientras que la preposición sin significa ausencia de 'algo'.

Son *de, a, en, con* las que no tienen significado alguno siendo su papel el de unir o enlazar dos elementos sin más.

2. Clases

El hecho de que este apartado lleve como título: *clases* no significa que haya varios tipos de preposiciones, como sucedía con los pronombres, por ejemplo, sino que existen dos listas de preposiciones, que bien pueden integrarse las dos en una. Si las presento separadas es por la extrañeza que puede causar a algún lector encontrar preposiciones que en su día no estaban consideradas como tales. De ahí esta división en: las clásicas (que son las que siempre han sido consideradas preposiciones) y las de nueva creación (que son las que se han añadido posteriormente). Por esta razón se presentan en dos listas, pero no olvide el lector que en realidad todas son una lista: la de las preposiciones.

Son dos, pues, las listas de preposiciones:
a) Las clásicas
b) Las de nueva formación

2.1. *Preposiciones clásicas*

Las preposiciones clásicas son las procedentes del latín, y son las que conforman la lista habitual de preposiciones:

a, ante, bajo, con, contra, de, desde, en, entre, hacia, para, por, según, sin, sobre, tras.

> *Lo hiciste <u>contra</u> mi voluntad.*
> *Es un regalo <u>para</u> ti.*
> *<u>Entre</u> nosotros no hay secretos.*
> *<u>Sin</u> ti no soy nada.*
> *Anda, corre, ve <u>tras</u> ella.*
> *Lo dejé <u>sobre</u> la mesa de cristal.*
> *No me arrodillaré ni <u>ante</u> ti ni <u>ante</u> nadie.*
> *Ve <u>tras</u> ella, ¡corre!*
> *<u>Entre</u> tú y yo no hay nada y nunca lo habrá, ¿entiendes?*
> *Se hará <u>bajo</u> mi responsabilidad.*
> *Fui <u>con</u> ellos al cine, porque no quería quedarme solo <u>en</u> casa.*

2.2. *Preposiciones de nueva formación*

Se consideran preposiciones de nueva formación:
durante, mediante, pro y vía
La preposición de nueva formación *pro* precede a sustantivos que nunca pueden llevar artículo.

> **sociedad pro las mujeres*
> *sociedad pro mujeres*

En el primer caso la incorrección estriba en ese artículo precediendo al nombre que va introducido por la preposición *pro*.

Ejemplos de preposiciones de nueva formación:
> *Habló <u>durante</u> media hora.*
> *Fui a Costa Rica <u>vía</u> Miami.*
> *Es una fundación <u>pro</u> hombre.*

3. Preposición + artículo

En algunos casos la preposición seguida de artículo da lugar al denominado artículo contracto. Es el caso concreto de las preposiciones *de, a + el*, en cuyo caso el resultado es: *del, al*.

Vengo del (de+el) *médico.*
Voy al (a+el) *dentista.*
Es el denominado artículo contracto.

4. Locuciones positivas

Las locuciones prepositivas están formadas por dos o más palabras siendo siempre una de ellas una preposición. Algunas de ellas son:

de acuerdo con, a causa de, en lugar de, con relación a, con arreglo a, referente a, en virtud de, conforme a...

En lugar de llorar busca una solución.
Se ha organizado un buen lío a causa de tu exposición.
Referente a tu petición de trabajo he de decirte que ha sido aceptada.
Te daremos una tarea de acuerdo con tus posibilidades.

Ejercicios

1. Identifique las preposiciones del texto:

Se puso a trabajar, a limpiar, y a la caída de la tarde, cuando Malcolmson regresó de dar un paseo —siempre llevaba uno de sus libros para estudiar mientras tanto—, se encontró con la habitación barrida y limpia, un fuego ardiendo en el hogar y la mesa servida para la cena con las excelentes viandas llevadas por Mrs. Withman.

—¡Esto sí que es comodidad! —se dijo, frotándose las manos.

Cuando acabó de cenar y puso la bandeja con los restos de la cena al otro extremo de la gran mesa de roble, volvió a sacar sus libros, arrojó más leña al fuego, despabiló la lámpara y se sumergió con el hechizo de su duro trabajo real. Prosiguió éste sin hacer pausa alguna, hasta cosa de las once, hora en que lo suspendió durante unos momentos para avivar el fuego y la lámpara y hacerse una taza de té. Siempre había sido aficionado al té; durante su vida en el colegio solía quedarse estudiando hasta tarde, y siempre tomaba té y más té hasta que dejaba de estudiar. Pero lo demás era un lujo para él y gozaba de ello con una sensación de delicioso, voluptuoso desahogo. El fuego reavivado saltó, chisporroteó y arrojó extrañas sombras en la vasta y antigua habitación, y, mientras se tomaba a sorbos el té caliente, se despertó en él una sensación de aislamiento de sus semejantes. Es que en aquel momento había empezado por primera vez el ruido que hacían las ratas.

—Seguramente —pensó— no han metido tanto ruido durante todo el tiempo que he estado estudiando. ¡De haber sido así me hubiera dado cuenta!

Mientras el ruido iba en aumento se tranquilizó el estudiante diciéndose que aquellos rumores acababan de empezar.

[...] El té empezaba a hacer su efecto de estimulante intelectual y nervioso, y el estudiante vio con alegría que tenía ante sí una nueva inmersión en el largo hechizo del estudio [...].

2. Escriba una oración con las siguientes preposiciones:

Pro:
Vía:
De:
Entre:
Hacia:

Durante:
En:
Ante:
Con:
Sin:
Desde:

3. Escriba una oración con las siguientes locuciones prepositivas:

A causa de:
De acuerdo con:
De cara a:
Conforme a:

4. Escriba la preposición que falta:

entre, durante, de, en, por, desde, sin, con, para, bajo, de acuerdo con:

-No me fío _____ tu novio.

-Está tardando mucho _____arreglarse.

-Nunca pude contar_____mis amigos.

-La facturas se realizaron_____mi supervisión.

-No puede estar ni un minuto_____ti.

-_____lo pactado trabajarás cinco horas sin descanso.

-Esto lo ha hecho_____ti, no por mí.

-¿_____cuándo vienes en tren a la oficina?

-No lo quiero, lo compró_____ti.

-Estuvo durmiendo_____todo el trayecto.

-Créeme, por favor, _____tu marido y mi hermana no hay absolutamente nada.

Soluciones

1.

Se puso a trabajar, a limpiar, y a la caída de la tarde, cuando Malcolmson regresó de dar un paseo —siempre llevaba uno de sus libros para estudiar mientras tanto—, se encontró con la habitación barrida y limpia, un fuego ardiendo en el hogar y la mesa servida para la cena con las excelentes viandas llevadas por Mrs. Withman.

—¡Esto sí que es comodidad! —se dijo, frotándose las manos.

Cuando acabó de cenar y puso la bandeja con los restos de la

171

cena *al* otro extremo *de* la gran mesa *de* roble, volvió *a* sacar sus libros, arrojó más leña *al* fuego, despabiló la lámpara y se sumergió *con* el hechizo *de* su duro trabajo real. Prosiguió éste *sin* hacer pausa alguna, hasta cosa de las once, hora *en* que lo suspendió *durante* unos momentos *para* avivar el fuego y la lámpara y hacerse una taza *de* té. Siempre había sido aficionado *al* té; *durante* su vida *en* el colegio solía quedarse estudiando hasta tarde, y siempre tomaba té y más té hasta que dejaba de estudiar. Pero lo demás era un lujo *para* él y gozaba *de* ello *con* una sensación *de* delicioso, voluptuoso desahogo. El fuego reavivado saltó, chisporroteó y arrojó extrañas sombras *en* la vasta y antigua habitación, y, mientras se tomaba *a* sorbos el té caliente, se despertó *en* él una sensación *de* aislamiento *de* sus semejantes. Es que *en* aquel momento había empezado *por* primera vez el ruido que hacían las ratas.

—Seguramente —pensó— no han metido tanto ruido *durante* todo el tiempo que he estado estudiando. ¡*De* haber sido así me hubiera dado cuenta!

Mientras el ruido iba *en* aumento se tranquilizó el estudiante diciéndose que aquellos rumores acababan *de* empezar.

[...] El té empezaba *a* hacer su efecto *de* estimulante intelectual y nervioso, y el estudiante vio *con* alegría que tenía *ante* sí una nueva inmersión *en* el largo hechizo *del* estudio [...].

2.

Pro: es una asociación pro enfermos de cáncer. Vía: eso ha de ir vía judicial. De: venía de Sevilla. Entre: lo haremos entre tú y yo. Hacia: camino hacia tu casa. Mediante: lo conseguimos mediante su intervención. Durante: habló mucho durante el concierto. En: ahora mismo estoy en el coche. Ante: compareció ante el juez. Con: quiero ir con tu hermana. Sin: sin billetes no se puede subir al avión. Desde: desde que te conozco mi vida es distinta.

3.

A causa de: a causa de la tormenta se cayó el poste. De acuerdo con: te daremos un trabajo de acuerdo con tu expediente. De cara a: lo hacen de cara a las elecciones. Conforme a: no te preocupes, todo se hará conforme a tus posibilidades.

4.

de /en/ con/ bajo/ sin/ de acuerdo con/ por/ desde/ para/ durante/ entre.

Capítulo XI

La conjunción

1. La conjunción

Las conjunciones son elementos de enlace, de unión. Pueden unir proposiciones o elementos de una oración.

Son dos los tipos de enlace que llevan a cabo, dividiéndose así las conjunciones en dos grandes clases:

a) Conjunciones subordinantes

b) Conjunciones coordinantes

Dentro de estas dos grandes clases hay una serie de subclases que estudiamos en el siguiente apartado.

2. Clases

Mencionamos a continuación las clases existentes de manera muy breve y sin profundizar demasiado en ellas, pues para su perfecta comprensión se necesitan otros conceptos, conceptos que se expondrán y analizarán en el capítulo: *La oración compuesta.*

2.1. *Conjunciones coordinantes*

Copulativas: *y/ e/ ni/ que*

Enlazan, suman informaciones.

Juan viene y Pedro sale.
Yo sueño e Inés vive.
Ni él lo sabe ni yo lo sé.
Dale que dale.
Ana y María salen a la calle juntas.

Disyuntivas: *o, bien... bien...*

Presentan dos opciones.

¿Estudias o trabajas?
O <u>bien</u> eres tonto o <u>bien</u> te lo haces.
<u>O</u> sales <u>o</u> entras.
Come <u>o</u> bebe.
<u>O</u> tú <u>o</u> yo.

Adversativas: *pero, aunque, sin embargo, mas, no obstante*

Mediante esta conjunción se introduce un obstáculo, una dificultad que no puede evitarse.

Estudió <u>pero</u> no aprobó.
Fue a tu casa, <u>sin embargo</u> tú preferiste no abrir la puerta.
Te llamó, <u>mas</u> tú no estabas.

Las dificultades introducidas por las conjunciones adversativas son insalvables.

Distributivas: *ya... ya, bien... bien,* etc.

Mediante estas conjunciones se distribuyen las acciones.

<u>Ya</u> llora <u>ya</u> ríe.
<u>Bien</u> sale <u>bien</u> entra.
<u>Ya</u> estudia <u>ya</u> no estudia.

Explicativas: *estos es, es decir...*

Introducen una explicación de lo precedente.

Sacó un cinco, <u>es decir</u>, aprobó.
Llegó a las cinco en punto, <u>esto es</u>, fue puntual por una vez en su vida.

2.2. *Conjunciones subordinantes*

Subordinantes: *que, si, porque, aunque, puesto que, luego, pues, a que, para que, a fin de que...* etc.

174

Introducen proposiciones sustantivas y adverbiales (que veremos en el capítulo La oración compuesta). Serán de un tipo o de otro dependiendo de la oración que introduzcan. Las proposiciones de relativo son introducidas por los adverbios, pronombres y determinantes relativos que hemos ido viendo, sin embargo, suelen considerarse también conjunciones subordinantes, razón por la que pueden incluirse también como conjunciones subordinantes.

No quiero que vengas.
Si vienes con nosotros al cine, me enfadaré contigo.
Estoy bien aunque todavía me duele la cabeza.
No come más porque no quiere.
No has estado aquí luego no opines.
Se ha presentado en casa a las nueve de la mañana para darnos pena.

3. Locuciones conjuntivas

Una locución conjuntiva está formada por dos o más palabras que funcionan como una conjunción. Ejemplos:

una vez que, a no ser que, o bien, o sea, así que, por más que...

Ejercicios

1. **Identifique las conjunciones que aparezcan en el siguiente texto:**

Todas las tardes, cuando volvían de la escuela, los niños solían entrar a jugar en el jardín del Gigante.

Era un jardín grande y precioso, con una hierba suave y verde. Por aquí y por allá, aparecían entre la hierba preciosas flores semejantes a estrellas y había doce melocotoneros que, al llegar la primavera, se cubrían de suaves flores rosas y nácar y en el otoño daban sabrosos y abundantes frutos. Los pájaros que se posaban en los árboles cantaban con tanta dulzura que los niños suspendían sus juegos, muchas veces, para escucharlos.

—¡Qué felices somos aquí!—gritaban entre ellos.

Un día el Gigante volvió. Había ido a visitar a su amigo el ogro de Cornualles y estuvo con él durante siete años. Cuando pasaron los siete años, había dicho ya todo lo que tenía que decir, porque era de pocas palabras y decidió regresar a su propio castillo. Cuando llegó, vio a los niños jugando en el jardín.

—¿Qué estáis haciendo aquí?—gritó con voz muy ronca. Y los niños escaparon a todo correr.

—Mi jardín es mi jardín —dijo el Gigante—; cualquiera puede entenderlo; y nadie más que yo podrá jugar en él.

Así que rodeó el jardín con una tapia muy alta y puso un cartel que decía:

Prohibido el paso

Era un Gigante muy egoísta.

Los pobres niños no tenían ahora dónde jugar. Intentaron jugar en la carretera, pero la carretera era muy polvorienta y llena de duras piedras, y no les gustó.

Fragmento de *El gigante egoísta*, Oscar Wilde

2. **¿Qué es una locución conjuntiva? Ponga tres ejemplos.**

3. **Construya oraciones con las siguientes conjunciones y locuciones conjuntivas:**

-Si:

-Ni:

-O:

-Y:

-Aunque:

-Que:

-Pero:

-A fin de que:

-Porque:

-Pues:

-Ya... ya:

4. ¿Qué tipos de conjunciones hay? Descripción y ejemplos.

Soluciones

1.

Todas las tardes, <u>cuando</u> volvían de la escuela, los niños solían entrar a jugar en el jardín del Gigante.

Era un jardín grande <u>y</u> precioso, con una hierba suave <u>y</u> verde. Por aquí <u>y</u> por allá, aparecían entre la hierba preciosas flores semejantes a estrellas <u>y</u> había doce melocotoneros <u>que</u>, al llegar la primavera, se cubrían de suaves flores rosas <u>y</u> nácar <u>y</u> en el otoño daban sabrosos <u>y</u> abundantes frutos. Los pájaros <u>que</u> se posaban en los árboles cantaban con tanta dulzura <u>que</u> los niños suspendían sus juegos, muchas veces, <u>para</u> escucharlos.

—¡Qué felices somos aquí!—gritaban entre ellos.

Un día el Gigante volvió. Había ido a visitar a su amigo el ogro de Cornualles <u>y</u> estuvo con él durante siete años. <u>Cuando</u> pasaron los siete años, había dicho ya todo lo que tenía que decir, <u>porque</u> era de pocas palabras <u>y</u> decidió regresar a su propio castillo. <u>Cuando</u> llegó, vio a los niños jugando en el jardín.

—¿Qué estáis haciendo aquí?—gritó con voz muy ronca. <u>Y</u> los niños escaparon a todo correr.

—Mi jardín es mi jardín —dijo el Gigante—; cualquiera puede entenderlo; <u>y</u> nadie más que yo podrá jugar en él.

<u>Así que</u> rodeó el jardín con una tapia muy alta <u>y</u> puso un cartel <u>que</u> decía:

Prohibido el paso

Era un Gigante muy egoísta.

Los pobres niños no tenían ahora dónde jugar. Intentaron

jugar en la carretera, <u>pero</u> la carretera era muy polvorienta y llena de duras piedras, y no les gustó.

Fragmento de *El gigante egoísta*, Oscar Wilde

2.

Locución conjuntiva: dos o más palabras funcionando como una conjunción.

Ej: *o sea, es decir, esto es.*

3.

-Si: *Si vienes, pagas.*
-Ni: *Ni canto ni bailo.*
-O: *¿Cantas o bailas?*
-Y: *Juan y Antonio beben agua.*
-Aunque: *Trabajó aunque no cobró.*
-Que: *Te he dicho que vengas.*
-Pero: *Vino pero no ligó.*
-A fin de que: *Se hará así a fin de que consigas mejores rendimientos.*
-Porque: *No viene porque está enferma.*
-Pues: *Iré hoy pues mi madre me espera.*
-Ya... ya: *Ya bailas ya cantas*

4.

Conjunciones: elementos de unión.
a) Coordinantes: *y, e, ni, que...*
b) Subordinantes: *que, si, pues...*
(para ampliar respuesta ver apartado 2.1. y 2.2. del presente capítulo)

Capítulo XII

La interjección

1. La interjección

Las interjecciones son palabras exclamativas: *¡uy!*, *¡ay!*, *¡ah!*, *¡eh!*, *¡oh!*, *¡buf!*, *¡vaya!*, *¡caramba!*...
No realizan función alguna ni son elementos de enlace.

Son palabras que:

• Expresan sentimientos: *¡oh!*, *¡hay que ver!*, *¡vaya!*

• Imitan ruidos o sonidos: *¡zas!*, *¡guau!*, *¡chas!*

• Llaman la atención sobre algo o alguien: *¡eh!*, *¡ea!*

·Pueden convertirse en interjecciones palabras de otras clases: *¡hombre!*, *¡diablos!*, *¡rayos!*, *¡vaya!* Es decir, que palabras que no son interjecciones se comportan en determinados enunciados como si lo fueran.

Algunas interjecciones permiten complementos:

¡Ay de nosotras!

2. Locución interjectiva

Dos o más palabras que funcionan y se comportan como una interjección forman la denominada locución interjectiva.

En este caso también ocurre que palabras de otras clases se comportan como interjecciones:

¡qué va!, *¡Dios mío!*, *¡hay que ver!*, *¡Maldita sea!*, *¡qué barbaridad!*, *¡anda ya!*, *¡venga ya!*

Ejercicios

1. Identifique las interjecciones del siguiente texto:

Me acosté temprano con la firme intención de llegar puntual a casa de Merche, pero el despertador había decidido dejar de funcionar esa misma noche.

¡Muy bien !, pensé, empiezas bien el día.

Hiciera lo que hiciera llegaría tarde. A pesar de ello me di prisa, y, aunque una hora y media más tarde de lo acordado, llegué a casa de Merche.

La puerta se abrió y, ¡zas!, bofetón sin aviso y sin saludo.

¡Vaya, hombre!, estaba claro que no era mi día.

Me fui de casa de Merche y de regreso a mi casa escuché un ruido parecido al maullido de un gato. Me acerqué al lugar de donde provenía y pude escuchar con toda claridad el *miau* de un gato blanco que estaba escondido tras un contenedor de basura. Intenté agarrar el gato, mas el animalillo no tardó ni un segundo en darme un arañazo. ¡Ah!, exclamé.

Y me fui derecho a casa sin detenerme con la decisión de no volver a salir a la calle en lo que quedaba de día. Hay veces en que uno no debería ni siquiera salir de la cama.

2. ¿Qué es una locución interjectiva? Pon tres ejemplos.

3. ¿Puede otra palabra que no sea la interjección ocupar su lugar? Si es así, pon ejemplos.

Soluciones

1.

Me acosté temprano con la firme intención de llegar puntual a casa de Merche, pero el despertador había decidido dejar de funcionar esa misma noche.

¡Muy bien!, pensé, empiezas bien el día.

Hiciera lo que hiciera llegaría tarde. A pesar de ello me di prisa, y, aunque una hora y media más tarde de lo acordado, llegué a casa de Merche.

La puerta se abrió y, ¡zas!, bofetón sin aviso y sin saludo.

¡Vaya , hombre!, estaba claro que no era mi día.

Me fui de casa de Merche y de regreso a mi casa escuché un ruido parecido al maullido de un gato. Me acerqué al lugar de donde provenía y pude escuchar con toda claridad el _miau_ de un gato blanco que estaba escondido tras un contenedor de basura. Intenté coger el gato, mas el animalillo no tardó ni un segundo en darme un arañazo. ¡Ah!, exclamé.

Y me fui derecho a casa sin detenerme con la decisión de no volver a salir a la calle en lo que quedaba de día. Hay veces en que uno no debería ni siquiera salir de la cama.

2.

Locución interjectiva: dos o más palabras funcionando como una interjección. Ejemplos: _¡vaya por Dios!, ¡maldita sea!, ¡venga ya!, ¡santo cielo!_

3.

Palabras que no son interjecciones pueden en algunos casos funcionar como si lo fueran: _¡diablo!, ¡hombre!, ¡Dios mío!_

Capítulo XIII
Morfología de la palabra

1. Raíz

Es la parte que no varía de la palabra y que contiene el peso semántico, es decir: la significación.

En el verbo, por ejemplo, la raíz se advierte fácilmente.

Am-ar, am-é, am-ábamos, am-emos, am-aríamos...

Observamos en el ejemplo que aunque varía el tiempo, la persona y el número del verbo *amar* hay algo, una parte de la palabra, que permanece inalterable en todos los casos: *am–*. Pues bien, esta parte es la denominada raíz. Claro que no sólo los verbos tienen raíz.

2. Desinencias (morfemas)

Mediante las desinencias se señala la persona y el número, y en los verbos también el tiempo.

Por ejemplo, *alto* es un adjetivo masculino, singular. Si lo ponemos en género femenino: *alta*, hay una vocal que varía de la *–o* a la *–a*.

Este elemento es una desinencia (o morfema) que unida a la raíz nos indica el género de la palabra en cuestión. Puede también ocurrir que añadamos una *–s* y lo convirtamos en un adjetivo plural: *altos*, en cuyo caso son dos las desinencias: *alt-o-s*. Una de género: *–o* y la otra de número: *–s*.

Igual sucede en el nombre:

herman-o-s, herman-a-s

La raíz es la misma, lo que no varía: *herm–* ,y las desinencias indican género: *-o,-a* y número: *-s* (o su ausencia: singular).

Sin embargo, lo habitual es que en los nombres sólo hallemos desinencia de número: *mesa, silla, falda, casa, collar, parque, tejado...*, salvo en los que designan persona o animal que sí poseen distinta terminación para masculino y femenino: *perro, perra / niño, niña / gato, gata...*

En los adjetivos también ocurre en algunos casos, como *azul*, que sólo admiten la desinencia de número (*azul-es*), pues se usa la misma forma (azul) para masculino y para femenino:

Femenino: *camisa azul.*
Masculino: *jersey azul.*

Los pronombres, aunque no todos, también tienen desinencias:

él, ell-a/ aquél, aquéll-a/ éste, ésta/ ése, ésa...

En el caso de *yo* y *tú* no hay distinción en cuanto al género pues tanto si *yo* soy hombre como si soy mujer el pronombre es el mismo: *yo.*

En otros casos como *nosotr-o-s, nosotr-a-s* encontramos desinencia de género: *-o, -a* y de número: *-s.*

El verbo, además de presentar desinencia de persona y número, no de género pues en el verbo no hay género, presenta desinencias de tiempo y de modo.

Am-á-ba-mos: la raíz es *am-*, la *-á-* es la denominada vocal temática que nos indica 1ª conjugación (-ar: 1ª conj, -er: 2ª conj.; ir: 3ª conj.), *-ba-* nos dice el tiempo (pasado), *-mos* indica la persona (1ª del plural: nosotros).

En ocasiones la misma desinencia indica todo: *am-o.* La *-o* indica 1ª persona del singular (yo), tiempo presente, modo indicativo.

3. Sufijos apreciativos

Se marcan en los siguientes ejemplos los sufijos apreciativos:

mujer-cita, joven-zuelo, calen-tito, niñ-ato, papel-ucho, dram-ón, alt-ísimo...

-Los sufijos apreciativos se dividen en:

a. Aumentativos: *grandón, señorón...*

b. Diminutivos: *pequeñito, bajito, delgadito...*

4. Prefijos

Además de formantes que se posponen a la raíz (sufijos) encontramos otros que se anteponen a la misma, recibiendo éstos el nombre de prefijos.

_Re_caer
_Des_envolver
_Des_encadenar
_In_mortal
_Anti_héroe
_Ultra_derechista
_Dis_conforme
_Sobre_peso
_Super_bonito
_Archi_conocido

5. Palabras compuestas

Una palabra puede ser simple o derivada (en el siguiente apartado se explican) y puede ser compuesta. Es compuesta cuando son dos las raíces unidas en una misma palabra: _parachoques_. Por un lado: _para_ que tiene su propio significado (_parar_) y por otro: _choques_ que tiene el suyo. Se unen ambas palabras dando lugar así a una única palabra, que recibe el nombre de palabra compuesta.

Resumiendo: la palabra compuesta es el resultado de la unión de dos o más palabras simples.

Parachoques, pasodoble, sacacorchos, matasuegras...

6. Palabras derivadas

Se han formado a partir de una palabra simple añadiendo una o más terminaciones.

pan: pan-adería
pan: pan-ader-o
pan: pan- ader-a

A partir de la palabra simple _pan_ se forman otras cuya raíz es _pan-_.

7. Análisis morfológico

En el siguiente capítulo abordaremos ya el análisis sintáctico por lo que es preciso aclarar antes qué es el análisis morfológico.

La morfología es lo que venimos haciendo hasta ahora, es decir, si es un nombre qué nombre es, su género, su número... etc; Por lo que cuando realicemos el análisis morfológico de una palabra o frase haremos lo siguiente:

La niña es guapa

La: determinante artículo determinado, femenino, singular.
Niña: nombre común, concreto, femenino, singular.
Es: tercera persona del singular del verbo *ser* del presente de indicativo.
Guapa: adjetivo calificativo, femenino, singular.

Hoy hemos estado en Galicia

Hoy: adverbio de tiempo.
Hemos estado: primera persona del plural del pretérito perfecto compuesto de indicativo.
En: preposición.
Galicia: nombre propio, singular.

Ejercicios

1. Analice morfológicamente las siguientes oraciones:

-Ana, la prima de Montserrat, está enferma y ella aún no lo sabe.

-¿Has estado en casa de tu hermana esta mañana con la madre de Belén?

-Unos cantan bien y otros cantan mal.

-O hago las camas o limpio el polvo, pero las dos cosas no puedo.

-¿Es triste tu vida con tu familia?

-Siempre conservé la ilusión.

-He comido demasiado y ahora me duele mucho la tripa.

-La verdad es necesaria y la mentira no.

-Sé honesto siempre.

-Los juegos de mi prima son aburridos y tú también.

-Aquellos tiempos fueron buenos tiempos.

-Ojalá venga tu padre mañana a casa con nosotros.

-Aquéllos sí que comen con ganas, ¿eh?

-Tengo que ir al colegio.

2. Pon cuatro ejemplos de palabras compuestas.

3. Explica la formación (raíz, sufijos y prefijos) de las siguientes palabras:

aguafuerte, pan, suavecito, cantaba, estaba, azulito, grandón, comería, gata, perro.

Soluciones

-*Ana, la prima de Montserrat, está enferma y ella aún no lo sabe.*

Ana: nombre propio, femenino, singular. *La:* determinante artículo determinado, femenino, singular. *De:* preposición. *Montserrat:* nombre propio, femenino, singular. *Está:* 3ª persona del singular del verbo *estar* (1ª conjugación) del presente de indicativo, voz activa. *Enferma:* adjetivo calificativo, femenino, singular. *Y:* conjunción coordinante copulativa. *Ella:* pronombre personal, femenino, singular. *Aún:* adverbio de tiempo. *No:* adverbio de negación. *Lo:* pronombre personal, masculino, singular. *Sabe:* 3ª persona del singular del verbo *saber* (2ª conjugación), presente de indicativo, voz activa.

-*¿Has estado en casa de tu hermana esta mañana con la madre de Belén?*

Has estado: 2ª persona del singular del verbo *estar* (1ª conjugación), pretérito perfecto compuesto, indicativo, activa. *En:* preposición. *Casa:* nombre común, femenino, singular. *De:* preposición. *Tu:* determinante posesivo, singular. *Hermana:* nombre común, femenino, singular. *Esta:* determinante demostrativo, femenino, singular. *Mañana:* nombre común, femenino, singular. *Con:* preposición. *La:* determinante artículo, determinado, femenino, singular. *Madre:* nombre común, femenino, singular. *De:* preposición. *Belén:* nombre propio, femenino, singular.

-*Unos cantan bien y otros cantan mal.*

Unos: pronombre indefinido, masculino, plural. *Cantan:* 3ª persona del plural del presente de indicativo, verbo *cantar* 1ª conjugación, indicativo, voz activa. *Bien:* adverbio de modo. *Otros:* pronombre indefinido, masculino, plural. *Cantan:* (como el anterior). *Fatal:* adverbio de modo.

-*O hago las camas o limpio el polvo, pero las dos cosas no puedo.*

O: conjunción coordinante disyuntiva. *Hago:* 1ª persona del singular del presente de indicativo del verbo *hacer* (2ª conjugación), voz activa. *Las:* determinante artículo determinado, femenino, plural. *Camas:* nombre común, femenino, plural. *O:*

188

conjunción coordinante disyuntiva. *Limpio*: 1ª persona del singular del presente de indicativo del verbo *limpiar* (1ª conjugación), voz activa. *El*: determinante artículo determinado, masculino, singular. *Polvo*: nombre común, masculino, singular.

-*¿Es triste tu vida con tu familia?*
Es: 3ª persona del singular del presente de indicativo, verbo *ser* (2ª conjugación), voz activa. *Triste*: adjetivo calificativo, género invariable, singular. *Tu*: determinante posesivo, género invariable, singular. *Vida*: nombre común, femenino, singular. *Con*: preposición. *Tu*: determinante posesivo, género invariable, singular. *Familia*: nombre común, femenino, singular (es un nombre singular que se refiere a un grupo plural de personas).

-*Siempre conservé la ilusión.*
Siempre: adverbio de tiempo. *Conservé*: 1ª persona del singular del pretérito perfecto de indicativo, verbo *conservar* (1ª conjugación), voz activa. *La*: determinante artículo determinado, femenino, singular. *Ilusión*: nombre común, femenino, singular.

-*He comido demasiado y ahora me duele mucho la tripa.*
He comido: 1ª persona del singular del pretérito perfecto compuesto, verbo *comer* (2ª conjugación), voz activa. *Demasiado*: adverbio de cantidad. *Y*: conjunción coordinante copulativa. *Ahora*: adverbio de tiempo. *Me*: pronombre personal. *Duele*: 3ª persona del singular del presente de indicativo, verbo *doler* (2ª conjugación), voz activa. *Mucho*: adverbio de cantidad. *La*: determinante artículo determinado, femenino, singular. *Tripa*: nombre común, femenino, singular.

-*La verdad es necesaria y la mentira no.*
La: determinante artículo determinado, femenino, singular. *Verdad*: nombre común, femenino, singular. *Y*: conjunción coordinante copulativa. *La*: (como el anterior). *Mentira*: nombre común, femenino, singular. *No*: adverbio de negación.

-*Sé honesto siempre.*
Sé: 2ª persona del singular, imperativo, voz activa, verbo *ser* (2ª conjugación). *Honesto*: adjetivo calificativo, masculino. *Siempre*: adverbio de tiempo.

-*Los juegos de mi prima son aburridos y tú también.*
Los: determinante artículo determinado, masculino, plural.
Juegos: nombre común, masculino, plural. *De*: preposición. *Mi*:
determinante posesivo, singular. *Prima*: nombre común, femenino,
singular. *Son*: 3ª persona del plural del presente de indicativo, verbo
ser (2ª conjugación), voz activa. *Aburridos*: adjetivo calificativo,
masculino, plural. *Y*: conjunción coordinante copulativa. *Tú*: pronombre personal. *También*: adverbio de afirmación.

-*Aquellos tiempos fueron buenos tiempos.*
Aquellos: determinante demostrativo, masculino, plural.
Tiempos: nombre común, masculino, plural. *Fueron*: 3ª persona
del plural, pretérito perfecto simple, verbo *ser* (2ª conjugación),
voz activa. *Buenos*: adjetivo calificativo, masculino, plural.
Tiempos: como el anterior *tiempos*.

-*Ojalá venga tu padre mañana a casa con nosotros.*
Ojalá: adverbio de deseo. *Venga*: 3ª persona singular, presente
de subjuntivo, verbo *venir* (3ª conjugación), voz activa. *Tu*: determinante posesivo, género invariable, singular. *Padre*: nombre
común, masculino, singular. *Mañana*: adverbio de tiempo. *A*: preposición. *Casa*: nombre común, femenino, singular. *Con*: preposición. *Nosotros*: pronombre personal, 1ª persona, plural, masculino.

-*Aquéllos sí comen con ganas, ¿eh?*
Aquéllos: pronombre demostrativo, masculino, singular. *Sí:*
adverbio de afirmación. *Comen*: 3ª persona plural, presente de
indicativo, verbo *comer* (2ª conjugación). *Con*: preposición.
Ganas: nombre común, femenino, plural.

-*Tengo que ir al colegio.*
Tengo que ir: perífrasis verbal, *tengo*: 1ª persona singular,
presente, indicativo verbo *tener* (2ª conjugación); *ir*: infinitivo
simple, *al*: contracción *a + el* (artículo contracto), *colegio*: nombre común, masculino, singular.

Capítulo XIV

Los sintagmas

Hasta este capítulo se ha estudiado la morfología del nombre, del pronombre, del adjetivo, del verbo, de la conjunción, de la preposición, de la interjección y del determinante. A partir de ahora estudiaremos las relaciones que establecen las palabras entre sí. Es decir, que nos introduciremos en la sintaxis.

En este primer capítulo dedicado a la sintaxis analizaremos un tipo de relación entre las palabras que componen una oración y que permite agruparlas en lo que se denomina: sintagmas.

1. Sintagma nominal

El sintagma nominal está formado por un sustantivo (nombre o pronombre) o palabra sustantivada, siendo el sustantivo (o palabra sustantivada) el núcleo del sintagma nominal.

Juan come.

Juan es un sintagma nominal constituido únicamente por un nombre que es a su vez el núcleo del sintagma.

Ella come.

Sintagma nominal constituido por el pronombre *ella* que es el núcleo del sintagma.

Lo azul es cursi.

Sintagma nominal formado por un determinante y un adjetivo sustantivado: *azul*, que es el núcleo del sintagma.

Además del sustantivo o pronombre, en el sintagma nominal podemos encontrar un determinante, tal y como hemos visto en el último ejemplo. Veamos otros ejemplos de sintagmas nominales constituidos por determinante y nombre:

El niño come pan.

Sintagma nominal formado en este caso por el determinante *el* + el nombre *niño*. El núcleo del sintagma es el nombre: *niño*.

A mí lo cursi no me gusta.

Sintagma nominal formado por un adjetivo y un determinante. El determinante sustantiva al adjetivo que de otra manera no podría actuar como tal.

Y el último elemento que puede aparecer en un sintagma nominal es un adjetivo, acompañando al nombre:

El niño pequeño se llama Jaime.

Sintagma nominal formado por el núcleo: *niño*, el determinante: *el,* y el adjetivo: *pequeño*.

La casa grande será para Amalia.
El color rosa no te favorece.

Si bien es posible que el sintagma nominal esté formado por determinante + sustantivo + adjetivo, lo que es siempre imprescindible es el sustantivo o la palabra sustantivada, siendo el determinante y el adjetivo posibles, pero no obligatorios, para formar un sintagma nominal.

S.N. (sintagma nominal): [determinante] + sustantivo + [adjetivo]

2. Sintagma verbal

El sintagma verbal está formado siempre por el verbo (y sus complementos), que es el núcleo del sintagma.

*Elisa **salta muy bien a la cuerda**.*

El SV en el ejemplo está compuesto por el verbo y sus complementos: *salta muy bien a la cuerda*. El núcleo es el verbo: *salta*. Es decir que el SV es el predicado.

Cuando el verbo de la oración sea un verbo pronominal se incluirá en el núcleo el pronombre. Ejemplo:

*No **me acuerdo** de nada.*

El SV está compuesto por el verbo y sus complementos: *no me acuerdo de nada*. El núcleo lo forma el verbo y *me*, puesto que estamos ante un verbo pronominal.

3. Sintagma adjetival

El sintagma adjetival está formado siempre por un adjetivo, que es el núcleo del sintagma:

Vanesa es alta.

Sintagma adjetival formado por el adjetivo *alta*, que es el núcleo del sintagma.

Además del adjetivo, elemento imprescindible, pueden aparecer otros elementos: adverbios que cuantifican al adjetivo.

Vanesa es muy alta.
Eres un poco tonta.

Sintagma adjetival formado por adverbio + adjetivo, cuyo núcleo es el adjetivo.

4. Sintagma adverbial

El sintagma adverbial está formado por un adverbio como elemento imprescindible, que es además el núcleo del sintagma:

Contestó honradamente.

El adverbio puede llevar a su vez otros adverbios que lo cuantifiquen:

Venía bastante despacio.

Sintagma adverbial formado por dos adverbios, siendo el primero (*bastante*) el cuantificador, y el segundo (*despacio*) el núcleo, pues, es el que posee la carga semántica en este sintagma.

Viene muy deprisa.
Camina bastante despacio.

En estos ejemplos la estructura es similar: adverbio + adverbio. Núcleo: el segundo adverbio por ser el que porta el significado. El primero actúa como cuantificador del núcleo.

Puede ir introducido por una preposición:

Está <u>por aquí.</u>
Vete <u>por allí.</u>
Me marcho <u>de aquí.</u>

El núcleo sigue siendo el adverbio, que es en todos los casos el que desempeña dicha función.

5. Sintagma preposicional

El sintagma preposicional está formado por: preposición + sintagma nominal. Ejemplos:

a tu madre   de Juan para ellos   sin ella

El núcleo será el sustantivo, tal y como ocurre en el sintagma nominal, ya que no deja de ser un sintagma nominal sólo que con una preposición delante.

Le compré un jersey <u>a tu madre</u>.
Esa camisa es <u>de Juan.</u>
Es una invitación <u>para ellos</u>.
No puedo estar <u>sin ella</u>.

S. Preposicional: Preposición + S.N.

Ejercicios

1. **¿Qué tipos de sintagmas son los siguientes grupos de palabras?**

-*la niña*
-*lo rojo*
-*muy guapa*
-*nosotras*
-*una camisa rosa*
-*ustedes*
-*honestamente*
-*demasiado despacio*
-*con tu permiso*
-*a mi tío*
-*de Juan*
-*ella*
-*sin tu ayuda*
-*de mi casa*
-*por tu culpa*
-*allí*
-*el verde prado*
-*la casa roja*
-*la niña esta*
-*a tu prima*
-*de mi vecino*
-*ahora*
-*pronto*
-*toda la casa*
-*el azul*
-*tranquilo*
-*estupendamente*
-*yo*
-*guapa*
-*honestamente*

2. **Construya un sintagma nominal, un sintagma adjetival, un sintagma adverbial y un sintagma preposicional.**

3. **Señale en las siguientes oraciones todos los sintagmas diciendo a qué clase pertenecen:**

-Tu hija está muy enferma.

-Ya he pedido la bolsa de patatas fritas.

-Lo haremos ahora nosotros mismos.

-¿Estaréis vosotros dos allí?

-En mi casa vive Tamara.

-Evidentemente, mi hermana no estaba allí ayer.

-¿Qué ha dicho Juan?

-Éstos son tus pantalones.

-La vida de Olga no le interesa a nadie.

-Juan vendrá mañana al colegio.

 -Compré un vaso de cristal en la tienda de Marcos.

-Aquéllos son tus libros.

-¿Es bonita tu cartera?

Soluciones

1.

-*la niña*: sintagma nominal; núcleo: *niña*.
-*lo rojo*: sintagma nominal: núcleo: *azul*.
-*muy guapa:* sintagma adjetival; núcleo: *guapa*.
-*una camisa rosa*: sintagma nominal; núcleo: *camisa*.
-*honestamente*: sintagma adverbial; núcleo: *honestamente*.
-*demasiado despacio*: sintagma adverbial; núcleo: *despacio*.
-*con tu permiso*: sintagma preposicional; núcleo: *permiso*.
-*a mi tío*: sintagma preposicional; núcleo: *tío*.
-*de Juan*: sintagma preposicional; núcleo: *Juan*.
-*sin tu ayuda*: sintagma preposicional; núcleo: *ayuda*.
-*de mi casa*: sintagma preposicional; núcleo: *casa*.
-*por tu culpa*: sintagma preposicional; núcleo: *culpa*.
-*el verde prado*: sintagma nominal; núcleo: *prado*.
-*la casa roja*: sintagma nominal; núcleo: *roja*.
-*la niña esta:* sintagma nominal; núcleo: *niña*.

2.

Sintagma nominal: *mi padre*.
Sintagma adjetival: *muy alta*.
Sintagma adverbial: *lentamente*.
Sintagma preposicional: *de mi parte*.

3.

-Tu hija: sintagma nominal, núcleo: hija
  está muy enferma: sintagma verbal, núcleo: está
  muy enferma: sintagma adjetival, núcleo: enferma.
-Ya he pedido la bolsa de patatas fritas: sintagma verbal,
  núcleo: he pedido una bolsa: sintagma nominal, núcleo: bolsa
  de patatas fritas: sintagma preposicional, núcleo: patatas.
-Lo: sintagma nominal, núcleo: lo
  haremos nosotros mismos: sintagma verbal, núcleo: haremos
  nosotros mismos: sintagma nominal, núcleo: nosotros.
-¿Estaréis vosotros dos: sintagma verbal, núcleo: estaréis
  vosotros dos?: sintagma nominal, núcleo: vosotros.
-En mi casa: sintagma preposicional, núcleo: casa
  vive Tamara: sintagma verbal, núcleo: vive

Tamara: sintagma nominal, núcleo: Támara.
-Evidentemente: sintagma adverbial, núcleo: evidentemente
mi hermana: sintagma nominal, núcleo: hermana
no estaba allí ayer (evidentemente): sintagma verbal, núcleo: estaba
no: sintagma adverbial, núcleo: no.
allí: sintagma adverbial, núcleo: allí
ayer: sintagma adverbial, núcleo: ayer.
-Qué: sintagma nominal, núcleo: qué/
ha dicho Juan: sintagma verbal, núcleo: ha dicho
Juan: sintagma nominal, núcleo: Juan
-Éstos: sintagma nominal, núcleo: éstos
son: sintagma verbal, núcleo: son
tus pantalones: sintagma nominal, núcleo: pantalones.
-La vida: sintagma nominal, núcleo: vida
de Olga: sintagma preposicional, núcleo: Olga
no: sintagma adverbial, núcleo: no
le: sintagma nominal, núcleo: le/
no le interesa nadie : sintagma verbal, núcleo: interesa
a nadie: sintagma preposicional, núcleo: nadie.
-Juan: sintagma nominal, núcleo: Juan
vendrá mañana al colegio: sintagma verbal, núcleo: vendrá
mañana: sintagma adverbial, núcleo: mañana
al colegio: sintagma preposicional, núcleo: colegio.
-Compré un vaso de cristal en la tienda de Marcos: sintagma verbal, núcleo: compré
un vaso: sintagma nominal, núcleo: vaso
de cristal: sintagma preposicional, núcleo: cristal
en la tienda: sintagma preposicional, núcleo: tienda
de Marcos: sintagma preposicional, núcleo: Marcos.
-Aquéllos: sintagma nominal, núcleo: aquéllos
son tus libros: sintagma verbal, núcleo: son
tus libros: sintagma nominal, núcleo: libros.
-Es bonita tu cartera: sintagma verbal, núcleo: es
bonita: sintagma adjetival, núcleo: bonita
tu cartera: sintagma nominal, núcleo: cartera.

Capítulo XV

La oración simple, I.
Sujeto y predicado

1. La oración

Características de la oración

Está formada por un conjunto de palabras que tiene significado completo.

La niña es guapa.
Tengo dos manzanas.
Vivo en Madrid.

Es autónoma, es decir que no necesita otros elementos.
Está estructurada. Debe llevar determinados elementos obligatoriamente que responden a un orden.
La constitución de la oración exige habitualmente un sujeto y un predicado, aunque como ya se verá hay excepciones y el sujeto no siempre es posible (oraciones impersonales) así como el verbo puede no estar expreso.

La oración puede ser

a) Simple: cuando tiene solo un verbo. Ejemplo: *quiero* pan.

b) Compleja o compuesta: cuando tiene más de un verbo. Ejemplo: *iré* cuando tú *vengas*.

2. Clases de oraciones según su significado

Según el significado de la oración se puede hablar de las siguientes modalidades oracionales:

Enunciativas: informan objetivamente de 'algo'

El tiempo que se espera para mañana es malo.
Son las cinco y cuarto de la tarde.

Ana es rubia.
Viene Beatriz a clase.
Esos pantalones son negros.

Interrogativas: formulan una pregunta de manera directa o indirecta

De forma directa: *¿cuándo viene Antonio?*
De forma indirecta se hace la pregunta sin interrogación: *dime cuándo va a venir Antonio.*
Se las conoce con el nombre de interrogativas directas e interrogativas indirectas.

¿Tienes hambre? interrogativa directa.
Preguntó qué tiempo hacía en Galicia interrogativa indirecta.
¿Cuándo llega Nacho? interrogativa directa.
¿Me ha preguntado la hora? interrogativa indirecta.

Exclamativas: van entre exclamaciones

¡Qué mala suerte hemos tenido!
¡Qué desgraciada soy, Dios mío!
¡Qué vida tan terrible llevan!
¡Qué felicidad me invade!

Imperativas (o exhortativas): formulan un mandato

Ven aquí inmediatamente.
Haz los deberes.
No fumes.
Prohibido salir esta tarde.
Cállate.

Desiderativas (optativas): expresan deseo

¡Ojalá vengas pronto!
¡Que tengas mucha suerte!
Te deseo lo mejor.

Dubitativas: expresan duda o posibilidad

A lo mejor viene Juan.
Puede que hoy nieve.
Quizá mañana estés mejor.
Tal vez no vuelva nunca.

3. Componentes de la oración

Los componentes mínimos e imprescindibles de la oración son: sujeto y predicado. Esto siempre es así salvo en algunos casos donde no hay sujeto, es decir cuando la oración sea impersonal.

3.1. *El sujeto*

- El sujeto ha de constar de un <u>sintagma nominal</u>, esto es: un nombre o pronombre o palabra que realice función de nombre. Ejemplos: *la niña, el hombre, yo, él, ella, Jacobo, Madrid, lo caro...*
- El sujeto ha de concordar obligatoriamente con el verbo en número y persona:

<u>Tu hermana</u> ha traído pan.

El sujeto *tu hermana* concuerda con el verbo *ha traído* en persona: tercera; y en número: singular. Si la persona no fuera la misma ocurriría, por ejemplo, esto:

* <u>La niña</u> no has traído pan.

La incorrección estriba en que el sujeto está en tercera persona y es singular mientras que el verbo es segunda persona del singular, por lo que su sujeto debería estar en segunda persona y no en tercera:

<u>Tú</u> no has traído pan.

La concordancia entre el sujeto y el verbo es imprescindible.

- El sujeto puede ir delante o detrás del verbo:

  (1) *<u>La niña</u> es lista.*
  (2) *Lo hizo <u>Juan.</u>*
  En el caso (1) el sujeto va delante del verbo.
  En el caso (2) el sujeto va detrás del verbo.

- El sujeto puede ser:
  -Persona: *<u>la niña</u> salta.*
  -Cosa: *<u>la mesa</u> es bonita.*

-Animal: *mi perro* se llama *Pedro*.

-Realidad no material: *la bondad* es necesaria en este mundo.

• Y el sujeto, sea persona, animal o cosa:

Realizar la acción del verbo: *la niña* salta (es *la niña* quien realiza la acción de *saltar*, es ella quien salta). *Sujeto agente*.

Padecer la acción del verbo: *la niña* ha sido enviada a Roma (*la niña* no realiza la acción del verbo, no es ella quien envía a alguien a Roma, sino que es ella a quien envían allí, por lo tanto padece la acción del verbo, no la realiza). *Sujeto paciente*.

Experimentar la acción del verbo: *la niña* está enferma (*la niña* no realiza ninguna acción, sin embargo experimenta la acción del verbo, pues ella es quien tiene la enfermedad y ella es quien la padece). Experimentador.

• El sujeto puede omitirse cuando es conocido por hablante y oyente:

¿Ha dicho que vendrá?

En el ejemplo, el hablante se refiere a una persona conocida por hablante y oyente por lo que no necesita decir *él,* o su nombre. Ambos saben de quién están hablando, se sobreentiende, pues el sujeto y se omite.

¿Comeremos carne?

El sujeto es evidente: *nosotros* por lo que no requiere expresarse.

Iré al cine.

Con el verbo: *iré* es suficiente en este caso para saber que soy *yo* el sujeto.

En estos casos en los que el sujeto se sobreentiende y por tanto se omite, se dice: sujeto omitido o sujeto elíptico.

3.1.1. *La concordancia (sujeto y verbo)*

El sujeto ha de concordar obligatoriamente con el verbo. Sin embargo esto plantea ciertas dudas a las que debemos dar respuesta.

Si el sujeto está formado por dos o más componentes (personas, animales o cosas) enlazados por conjunciones o nexos, el verbo ha de ir en plural:

Juan, Ana y Pedro están aquí.
Ni él ni ella han venido.
El perro y el gato son míos.
El coche, el lavaplatos, el aspirador y el reloj de pared son de tu mujer.

Si los formantes del sujeto son dos o más pero son pronombres neutros, el verbo estará en singular:

Me gusta eso y esto y aquello.

El sujeto está formado por tres componentes: *esto, eso, aquello,* pero como son pronombres neutros el verbo está en singular: *me gusta.* Es incorrecto: **me gustan eso y esto y aquello.*

Cuando el sujeto está formado por dos o más componentes de distintas personas: *tú y yo/ ella y nosotros/ ellos y tú...* ocurre lo siguiente:

Si uno de los formantes del sujeto es el pronombre personal de primera persona (*yo*) el verbo irá en primera persona del plural:

Tú y yo iremos al campo.
Ella y yo iremos al campo.
Vosotros y yo iremos al campo.
Ellos y yo iremos al campo.

Si uno de los componentes del sujeto es pronombre personal de segunda persona *tú* el verbo necesariamente irá en segunda persona del plural, siempre y cuando no haya otro formante que sea *yo* (en cuyo caso el verbo estaría en primera persona del plural):

Ella y tú iréis al campo.

3.2. *Oraciones sin sujeto. Oraciones impersonales*

Son oraciones impersonales aquéllas que carecen de sujeto. Es decir, no es que no aparezca el sujeto como en el caso de las oraciones con sujeto elíptico u omitido porque se sobreentienda al ser conocido por hablante y oyente, es que las oraciones impersonales carecen absolutamente de sujeto. Son impersonales las oraciones que expresan algún fenómeno meteorológico.

Nieva poco en Madrid.
¿Llovió mucho en Lugo?

Está granizando ahora mismo.

Son impersonales también estas construcciones con el verbo *haber*.

Había muchos enfermos en el hospital.

En principio puede parecer que el sujeto es *muchos enfermos,* mas no existe la obligada concordancia entre sujeto y verbo, pues el verbo está en singular y el sujeto en plural, lo que significa que no puede ser *muchos enfermos* el sujeto. En realidad nada puede serlo, porque este verbo siempre es impersonal (salvo cuando es auxiliar).

Son impersonales también ciertas oraciones con la partícula *se*:

Se está bien aquí.
Si se es pobre no se tienen problemas ridículos.
Se recibió a los embajadores.

En ninguno de los tres casos hay posibilidad de sujeto, y no la hay porque al aparecer *se* ya no se puede hablar de una persona, animal o cosa que pueda realizar la acción.

Así, en *Se recibió a los embajadores* al estar *se* ya no se puede decir, por ejemplo, *El rey recibió a los embajadores.* Si omitimos ese *se,* la oración deja de ser impersonal: *Recibió a los embajadores.*

Las oraciones con *haber que* + *infinitivo* son también impersonales:

Hay que trabajar más.
Habrá que quedarse aquí.
¿Había que limpiar la sala?
Habrá que arreglar los desperfectos ocasionados.

Con el verbo *se trata* también se originan oraciones impersonales:

Se trata de un alumno nuevo.
Se trata de él.

4. El predicado

El predicado es lo que se dice del sujeto, salvo en las oraciones impersonales en las que al carecer de sujeto nada puede decirse del mismo. Es lo que antes vimos como S.V. (sintagma verbal).

Federico es listo.

El predicado *es listo* se refiere al sujeto *Federico*. Dice algo de él. Tiene que estar formado por un verbo, siendo éste el componente imprescindible.

Juan corre.

Además del verbo pueden aparecer otros elementos:

Juan corre poco.
Belén tiene patatas.
Ana es muy guapa.

En ciertas oraciones el verbo se omite por sobreentenderse:

Juan ha dicho que vendría hoy. Ana, también.

En la segunda oración no se repite *vendría* por sobreentenderse, y en su lugar se pone una coma que señala la omisión del verbo.

4.1. *Predicado nominal*

El predicado puede ser verbal o nominal, siendo el nominal el que nos ocupa en este apartado.

-El predicado nominal es el que está constituido por *ser, estar* o *parecer*. Estos verbos son los llamados verbos copulativos, que ya vimos cuando estudiamos el verbo, pero que ampliamos ahora.

El verbo copulativo (*ser, estar, parecer)* carece de significado. Son estos verbos considerados cópulas entre un sustantivo (sujeto) y un nombre o adjetivo (atributo). El adjetivo dice algo del sujeto, le *atribuye* alguna cualidad o estado, llamándose atributo y apareciendo sólo con los verbos copulativos (*ser, estar, parecer*).

El niño es listo.

El niño es el sujeto del verbo copulativo *es,* y *listo,* el adjetivo que desempeña la función de atributo.

El atributo es por tanto el adjetivo o nombre que dice algo del sujeto, con quien ha de concordar en género y número. Así, si el sujeto (como en el anterior ejemplo) es masculino y singular el atributo ha de ser también masculino y singular.

La niña está enferma.

El sujeto (*la niña*) es femenino y singular. El atributo (*enferma*), también.

Los peces son pequeños.

Sujeto (*los peces*) es masculino y plural, el atributo (*pequeños*) es también masculino y plural.

Ricardo parece tonto.

Sujeto (*Ricardo*) masculino y singular. Atributo (*tonto*), también. Luego el hecho de que haya de concordar el atributo con el sujeto sirve a su vez como modo de constatación de que el sustantivo o adjetivo desempeña, efectivamente, la función de atributo.

Pues bien, si el verbo es copulativo, y por tanto existe un atributo, podemos decir que estamos ante un predicado nominal.

No son los únicos verbos copulativos *ser, estar, parecer,* pues hay otros que en ciertos contextos se comportan como tales, es decir, que pierden su significado y se convierten en cópulas que sirven de enlace entre sujeto y atributo.

(1) *Juan se ha puesto gordísimo.*
(2) *Ana se ha vuelto insoportable.*
Comparemos los ejemplos (1) y (2) con los ejemplos (3) y (4):
(3) *Juan se ha puesto la chaqueta.*
(4) *Ana se ha vuelto a su casa.*

En los ejemplos (1) y (2) los verbos han perdido su significado, que es el que muestran en (3) y (4), convirtiéndose en cópulas entre sujeto y adjetivo.

206

Ahora bien, también en los casos de *ser, estar, parecer* podemos encontrar que no funcionen como verbos copulativos. Esto sucede cuando no son cópulas entre un sujeto y un atributo. Es decir, que cuando no haya atributo, *ser, estar, parecer* no funcionarán en la oración como verbos copulativos.

> *Marcos <u>está</u> en Valladolid.*
> *La boda <u>será</u> en Alemania.*
> *Te <u>pareces</u> mucho a tu padre.*

4.2. Predicado verbal

El predicado verbal es el que tiene como verbo a un verbo denominado predicativo, que al contrario del copulativo, posee significado pleno. Serán, pues, verbos predicativos todos los que no sean copulativos.

El predicado formado por estos verbos es el denominado predicado verbal, y puede estar compuesto sólo por un verbo o por un verbo + complementos (se estudian en el siguiente capítulo).

> *Bernarda <u>quiere lechuga</u>.*
> *Antonia <u>desea más carne</u>.*
> *Bartolomé <u>se ha bebido toda la leche</u>.*
> *Alberto <u>comprará los bocadillos para la fiesta</u>.*

Ejercicios

1. **Identifique las oraciones simples (un solo verbo) del texto, y la modalidad (enunciativas, desiderativas...) a la que pertenecen.**

   Me llamo Juana. Tengo veinte años y soy estudiante. Estudio Filosofía en la Universidad Complutense de Madrid, ciudad en la que vivo desde hace dos años. Vine para estudiar la carrera. Al principio, Madrid no me gustaba mucho, pero poco a poco me he ido acostumbrando. Esta ciudad resulta a veces demasiado grande, demasiado fría, aunque sé que eso puede cambiar, sobre todo, si tienes amigos. Aunque no es muy fácil encontrar aquí nuevas amistades, porque todos tienen ya su grupo de amigos, y son un poco cerrados.

   Y yo estoy sola aquí. Mi familia se quedó en el pueblo. Me gustaría que vinieran más a verme, pero sé que para ellos es demasiado grande esta ciudad. ¡Es grande para mí!

2. **Construya dos oraciones simples y dos compuestas.**

3. **Construya cuatro oraciones con predicado nominal y cuatro oraciones con predicado verbal.**

4. **Diga a qué modalidad pertenece cada una de las siguientes oraciones y también si su verbo es copulativo o predicativo:**

   Son las ocho de la tarde.
   ¡Manuel ha traído muchos regalos!
   Ojalá mañana haga sol.
   No sé.
   Haz tu cama ahora mismo.

5. **Señale el sujeto (si lo hay) de las siguientes oraciones:**

   La casa es preciosa.
   El tiempo es nuestro.
   La verdad es algo subjetivo.
   ¿Quieres pan?
   Hoy ha llovido muchísimo.
   ¿Nevará mañana?

Soluciones

1.

Me llamo Juana: oración simple. Modalidad enunciativa (proporciona una información objetiva)./ Yo estoy sola aquí: oración simple. Enunciativa./ Mi familia se quedó en el pueblo: oración simple. Enunciativa/ ¡Es grande para mí!

2.

Oraciones simples: Juan viene mañana. Pedro sale hoy.
Oraciones complejas: He dicho que te calles (dos verbos: he dicho, calles). Iré si me apetece (dos verbos: iré, apetece).

3.

Ejemplos de oraciones con predicado nominal:
Bernarda está enferma.
Luis es alto.
Susana es lista.
Tomás parece cansado.
Ejemplos de oraciones con predicado verbal:
Quiero los juguetes de Pepito.
Me gustan tus pendientes.
Ellos han llegado antes.
No sabemos nada de ellos.

4.

Son las ocho de la tarde: enunciativa.
¡Manuel ha traído muchos regalos!: exclamativa.
Ojalá mañana haga sol: desiderativa.
No sé: dubitativa.
Haz tu cama ahora mismo: exhortativa.

5.

La casa es preciosa.
El tiempo es nuestro.
La verdad es algo subjetivo.
¿Quieres pan? Sujeto omitido: nosotros.
Hoy ha llovido muchísimo. Oración impersonal, carece de sujeto.
¿Nevará mañana? Oración impersonal, carece de sujeto.

Capítulo XVI

La oración simple, II.
Los complementos

En el análisis sintáctico de la oración podemos encontrar complementos del verbo, por un lado, y complementos del nombre, por otro. Empecemos por los complementos del verbo.

1. Complementos del verbo

Los siguientes complementos son palabras o grupos de palabras que complementan al verbo:

• Atributo

• Complemento directo (C.D.)

• Complemento indirecto (C.I.)

• Complemento circunstancial (C.C.)

• Suplemento o complemento preposicional

• Complemento predicativo

1.1. *Atributo*

El atributo aparece sólo con verbos copulativos, formando el predicado nominal. Dice algo del sujeto, con el que concuerda obligatoriamente. Puede ser sustantivo, adjetivo, infinitivo (recordemos que el infinitivo es un sustantivo verbal, por lo que puede realizar las mismas funciones que el sustantivo), proposición.

Mi casa es ésa (atributo: pronombre).
El cielo es azul (atributo: adjetivo).
Comer es vivir (atributo: infinitivo).
¿Eres de Madrid? (atributo: preposición + sustantivo).

1.2. *Complemento directo (C.D.)*

El complemento directo sólo puede complementar a verbos transitivos, que son aquéllos que exigen un sintagma nominal en función de complemento directo.

Amalia está buscando <u>su lápiz</u>.

El verbo necesita el complemento directo (*su lápiz*) de manera obligatoria, no pudiendo prescindir de él, pues el significado de la oración no sería completo:

*Amalia está buscando.

Vemos en el ejemplo que sin el C.D. (complemento directo) la oración pierde su significado, el verbo exige un complemento que complete la oración.

Como prueba para saber si el C.D. es realmente un C.D. se puede sustituir por *lo, la, los, las.*

Amalia está buscando <u>su lápiz</u>. Amalia <u>lo</u> está buscando.
Mi madre ha recibido <u>tu regalo</u>. Mi madre <u>lo</u> ha recibido.
Ellos construyeron <u>esas casas</u>. Ellos <u>las</u> construyeron.
Fabián ha comprado <u>los pasteles</u>. Fabián <u>los</u> ha comprado.

Ahora bien, hay excepciones, pues algunos verbos transitivos no precisan obligatoriamente un C.D., pudiendo aparecer con otros complementos.

Leo mucho.
Como con Amalia.

No es obligatorio pero como el verbo es transitivo puede llevar C.D.:

Leo <u>libros de aventura</u>.
Como <u>carne</u>.

El C.D. puede ir en algunos casos introducido por la preposición *a* pero sólo por ésta.

Buscamos <u>a Julio</u>. (<u>Lo</u> buscamos).

Pueden desempeñar la función de C.D. los pronombres *me, te, se, nos, os*. Los casos en los que pueden desempeñar la función de C.D. se explican en el capítulo del pronombre en las formas átonas.

Me miro en el espejo constantemente.
Te vi, sí, lo reconozco.

En estos casos la sustitución por *lo, la, los, las* no es posible.

1.3. *Complemento indirecto (C.I.)*

El SN (sintagma nominal) que desempeña la función sintáctica de C.I. (complemento indirecto) siempre irá introducido por la preposición *a:*

(1) *Da el regalo a Darío*
(2) *Hice unas fotos al gato.*
(3) *Compró caramelos a Jaime.*

Mediante el C.I. se designa o señala a la persona, cosa o animal a quien se dirige la acción del verbo. En los ejemplos:

(1) El C.I. es *Darío*, pues es a él a quien va dirigida la acción.

(2) El C.I. es *gato*, pues a él va dirigida la acción, es a él a quien hacen las fotos.

(3) El C.I. es *Jaime,* pues a él es a quien le compran caramelos.

Como prueba de reconocimiento se sustituye el C.I. por el pronombre *le, les*:

Da el regalo a Darío. Dale el regalo.
Hice unas fotos al gato. Le hice unas fotos.
Compró caramelos a Jaime. Le compré caramelos.
Vende pinturas a mis primas. Les vende pinturas.

En determinados enunciados el C.I. se sustituye por *se* en lugar de por *le:*

Si en la oración *Dale el regalo a Darío* sustituyo el C.D. (*el regalo*) por *lo*, ya no puedo sustituir el C.I. por *le* pues ocurriría lo siguiente:

*Dálelo.

Por lo tanto en estos casos el C.I. se sustituye por *se*:
Dáselo.

El C.I. puede complementar tanto a verbos transitivos como a verbos intransitivos. Recordemos que los verbos intransitivos eran los que no precisaban C.D. y por tanto nunca pueden llevarlo. Sin embargo, tal y como acabamos de exponer, sí admiten C.I.

1.4. *Complemento circunstancial (C.C.)*

Desempeñado por un sintagma adverbial o por un sintagma nominal, habitualmente introducido por una preposición, pero no siempre.

Iré a tu casa.
Llegaré pronto.
Ven esta tarde.

Expresan circunstancias, como su nombre indica. Circunstancias en las que se produce la acción del verbo. Podemos establecer los siguientes tipos de C.C:

- De lugar (C.C.L.): *Estoy aquí.*
- De tiempo (C.C.T.): *Llegaré mañana.*
- De modo (C.C.M.): *Hazlo así.*
- De instrumento (C.C.I.): *Abre la puerta con la llave grande.*
- De compañía: *Vino conmigo.*
- De cantidad (C.C.C.): *Comes demasiado.*
- De finalidad (C.C.F.): *Lo quiero para el coche.*

Esta es la clasificación que se hace del C.C., mas en algunos casos los C.C. no se pueden clasificar en ninguna de estas categorías, casos en los que basta con señalar que es un C.C., sin especificar más.

1.5. *Suplemento (complemento preposicional)*

Tanto suplemento como complemento preposicional aluden a la misma función, siendo, por tanto, ambas denominaciones válidas.

La función sintáctica de suplemento siempre es desempeñada por un sintagma preposicional.

Es un complemento necesario sin el cual algunos verbos no podrían formar su predicado.

Cuento <u>con tu ayuda</u>.
Confiaré <u>en vosotros</u>.
¿Os avergonzáis <u>de mí</u>?
No me he olvidado <u>de tu rostro</u>.

Existe una prueba para identificarlo. Consiste en que si al formular la siguiente pregunta: *preposición (la del suplemento) + que/ quien + verbo*, la respuesta es el sintagma preposicional que creemos puede ser el suplemento, entonces lo será.

Cuento <u>con tu ayuda</u>.   ¿Con + qué + cuento?
con tu ayuda
Confiaré <u>en vosotros</u>.   ¿En qué confiaré?
en vosotros
¿Os avergonzáis <u>de mí</u>?   ¿De qué os avergonzáis?
de mí

La respuesta en los tres casos nos remite al suplemento, confirmando así tal función.

1.6. Complemento predicativo

Desempeña esta función un adjetivo que dice algo de un sustantivo y del verbo a la vez.

El niño descansa <u>tranquilo</u>.

Normalmente lo primero que se piensa es que *tranquilo* es un complemento circunstancial, mas eso no es posible ya que tal complemento nunca puede ser un adjetivo.

Como vemos en el ejemplo, *tranquilo* no sólo complementa a *descansa,* pues concierta con *el niño*, de tal manera que si en lugar de *el niño* pusiera *los niños* el complemento predicativo variaría a *tranquilos*.

Los niños descansan <u>tranquilos</u>.
Las niñas descansan <u>tranquilas</u>.

Se aprecia en los ejemplos cómo el complemento predicativo concuerda siempre con el sustantivo al que complementa. Si por el contrario fuera un complemento circunstancial, nunca variaría su forma, ya que el C.C. sólo complementa al verbo, y no al verbo y al sustantivo como es el caso del complemento predicativo.

Podemos, por tanto, verificar la función de complemento predicativo cambiando el número o el género a lo que creemos puede ser complemento predicativo. Si al hacerlo, el sustantivo al que complementa también tiene que cambiarlo para concordar, se confirma que es un complemento predicativo.

El bebe duerme tranquilo.
Los bebes duermen tranquilos.

Hemos cambiado el número del complemento predicativo (*tranquilo*) y al hacerlo el sustantivo al que complementa se ha visto obligado a cambiar al plural (*tranquilos*), confirmando así su función de complemento predicativo.

Evidentemente no basta con hacer esta prueba, pues antes hay que saber si tal adjetivo complementa también al verbo, pues el requisito indispensable para que el complemento predicativo lo sea es que complemente al mismo tiempo a verbo y sustantivo. Algo que se cumple en el ejemplo, dado que es el bebe quien duerme tranquilo y es tranquilo el que nos dice cómo duerme el bebé. Luego complementa a *dormir* y a *bebe*.

2. Complemento del nombre (C.N.)

Este complemento nunca modifica o complementa al verbo, es al nombre al que complementa.

El complemento del nombre siempre lleva una preposición. Es por lo tanto un sintagma preposicional el que funciona como complemento del nombre.

Como su nombre indica, complementa a un nombre de la oración.

La hija de Verónica es muy delgada.
He visto al primo de Sabrina.
Tengo una camisa de verano.
Me gustan las sábanas de tu tienda.

Tal y como puede observarse en los ejemplos, los sintagmas preposicionales en función de C.N. (complemento de nombre) van pegados al nombre que complementan, siempre llevan una preposición y no complementan ni modifican en modo alguno al verbo.

3. Complemento del adjetivo

Introducido siempre por preposición y complemento de un adjetivo de la oración.

Nunca complementa al verbo.

Es similar al C.N. sólo que en lugar de complementar al nombre complementa a un adjetivo.

Está loco de alegría (*de alegría* complementa al adjetivo *loco*).
Es feo con ganas (*con ganas* complementa al adjetivo *feo*).
Eres tonto de remate (*de remate* complementa al adjetivo *tonto*).

4. Complemento del adverbio

Al igual que el C.N. y C.Adj., el complemento del adverbio actúa complementando a una palabra, en este caso un adverbio, y nunca al verbo. Constituido siempre por un sintagma preposicional y situado junto al adverbio en cuestión.

¿Estamos cerca de la ciudad?
¿Vivirá lejos de aquí?
Está delante de ti.
Se ha escondido detrás de la mesa.

Hay que hacer una aclaración antes de poner punto y final, pues debemos puntualizar que estos tres complementos (de nombre, de adjetivo y de adverbio) se incluyen en el análisis sintáctico junto al elemento complementado en cuanto a su función sintáctica. De tal manera que el análisis sintáctico sería:

Está delante de ti.
Está: S.V. Núcleo del predicado.
Delante de ti: sintagma adverbial: *detrás* (núcleo) y sintagma preposicional: *de ti*, en función de complemento del adverbio. Todo ello, a su vez, desempeña la función de complemento circunstancial de lugar (C.C.L).

Ejercicios

1. **Analice sintácticamente (sintagmas y funciones) las siguientes oraciones:**

   -Mi hija está sana.
   -La hija de Marta es inteligente.
   -La mesa azul está en el garaje.
   -Quiero ese juguete.
   -Tómalo ya.
   -Dáselo ahora mismo.
   -¿Confiarías en mí?
   -Cambia tu dirección en el colegio.
   -Trae la falda azul a mi dormitorio.
   -¿Llueve mucho hoy en Valladolid?
   -Quiero una foto de Sonia.
   -Hazle una foto a Nuria.
   -¿Has visto a Blanca?
   -Recuperará la visión lentamente.
   -El bebé descansa tranquilo.
   -Mi padre descansa tranquilamente.

2. **Construya oraciones que contengan:**

-C.D.	-C.C.T.
-C.I.	-C.C. I.
-Atributo	-Suplemento
-Complemento predicativo	-C.C.L.

Soluciones

1.

   -Mi hija está sana.
   Sujeto: Mi hija: S.N.
   Predicado nominal: Está sana: S.V. (Núcleo: está).
   Sana: Sintagma adjetival, atributo.

   -La hija de Marta es inteligente.
   Sujeto: La hija de Marta.
   La hija: S.N.
   De Marta: S. Preposicional, C.N.
   Predicado nominal: Es inteligente: S.V. (Núcleo: es)
   Inteligente: S. Adjetival, atributo.

-La mesa azul está vieja.
Sujeto: La mesa azul: S.N.
Predicado nominal: S.V.: Está vieja. Está: núcleo.
Vieja: Sintagma adjetival, atributo.

-Quiero ese juguete.
Sujeto omitido: Yo.
Predicado verbal: Quiero ese juguete: S.V. Quiero: núcleo.
Ese juguete: S.N., C.D.

-Tómalo ya.
Sujeto omitido: Tú.
Predicado verbal: tómalo ya: S.V. Toma: núcleo.
lo: S.N., C.D.
Ya: S. Adverbial, C.C.T.

-Dáselo ahora mismo.
Sujeto omitido: Tú.
Predicado verbal: dáselo ahora mismo. Da: núcleo.
Se: S.N., C.I.
Lo: C.N., C.D.
Ahora mismo: S. Adverbial, C.C.T.

-¿Confiarías en mí?
Sujeto omitido: Tú
Predicado verbal: Confiarías en mí. Confiarías: núcleo.
En mí: S. Preposicional, suplemento.

-Cambia tu dirección en el colegio.
Sujeto omitido: Tú.
Predicado verbal: Cambia tu dirección en el colegio. Cambia: núcleo.
Tu dirección: S.N., C.D.
En el colegio: S. Preposicional, C.C.L.

-Trae la falda azul a mi dormitorio.
Sujeto omitido: Tú.
Predicado verbal: Trae la falda a mi dormitorio. Trae: núcleo.
La falda: S.N., C.D.
A mi dormitorio: S. Preposicional, C.C.L.

-¿Llueve mucho en Valladolid?
Oración impersonal (no hay sujeto).
Predicado verbal: Llueve mucho en Valladolid. Llueve: núcleo.
Mucho: S. Adverbial.
En Valladolid: S. Preposicional, C.C.L.

219

-Quiero una foto de Sonia.
Sujeto omitido: Yo.
Predicado verbal: Quiero una foto de Sonia. Quiero: núcleo.
Una foto de Sonia: C.D.
Una foto: S.N.
De Sonia: S. Preposicional, C.N.

-Hazle una foto a Nuria.
Sujeto omitido: Tú.
Predicado verbal: Hazle una foto a Nuria. Hazle: núcleo.
Una foto: S.N., C.D.
A Nuria: S.N., C.I.

-¿Has visto a Blanca?
Sujeto omitido: Tú.
Predicado verbal: Has visto a Blanca. Has visto: núcleo.
A Blanca: S.N., C.D.

-Recuperará la visión lentamente.
Sujeto omitido: Él.
Predicado verbal: Recuperará la visión lentamente. Recuperará:
núcleo.
La visión: S.N., C.D.
Lentamente: S. Adverbial. C.C.M.

-El bebé descansa tranquilo.
Sujeto: El bebe: S.N.
Predicado verbal: Descansa tranquilo. Descansa: núcleo.
Tranquilo: S. Adjetival, complemento predicativo.

-Mi padre descansa tranquilamente.
Sujeto: Mi padre: S.N.
Predicado verbal: Descansa tranquilamente.
Tranquilamente: S. Adverbial, C.C.M.

2.

-*C.D.*: Escribe <u>la carta.</u>
-*C.I.*: Di una sorpresa <u>a Julia.</u>
-*Atributo*: Soledad está <u>contenta.</u>
-*Complemento predicativo*: El enfermo duerme <u>tranquilo.</u>
-*C.C.T.*: Llegaré <u>mañana.</u>
-*C.C.I.*: Abre el cajón <u>con un destornillador.</u>
-*Suplemento*: ¿Contarás <u>con ellos?</u>
-*C.C.L.*: Bailó <u>en tu fiesta.</u>

Capítulo XVII

La oración compuesta.
La coordinación

1. La oración compuesta

Una oración es compuesta o compleja cuando está formada por más de un verbo.

Juan <u>ha ido</u> a su casa mientras María <u>acababa</u> sus deberes.

Son dos los verbos que forman la oración del ejemplo; por lo tanto, es una oración compuesta.

Pueden ser más de dos verbos:

Beatriz <u>canta,</u> José <u>baila,</u> Ester <u>aplaude,</u> Joaquín <u>dirige</u> y Valeria <u>anima.</u>

Cada parte de la oración con su verbo (*Beatriz canta/ José baila/...*) formada por su sujeto y su predicado recibe el nombre de proposición. Así que el último ejemplo es una oración compuesta formada por cinco proposiciones, tantas como verbos contiene la oración.El análisis de las oraciones compuestas se realiza analizando cada proposición, de manera que se hará como si fueran oraciones simples.

Susana sale y Borja entra.

Análisis sintáctico

Oración compuesta coordinada copulativa mediante el nexo *y* formada por dos proposiciones:

Proposición 1: *Susana sale.*

Sujeto: *Susana.* S.N.

Predicado verbal: *sale.* Núcleo: *sale.*

Proposición 2: *Borja entra.*

Sujeto: *Borja.* Núcleo. S.N.

Predicado verbal: *entra.* S.V. Núcleo. *entra.*

Las proposiciones que componen una oración compuesta pueden relacionarse entre sí de dos maneras: coordinación o subordinación. En este capítulo nos ocuparemos de la primera: la coordinación.

2. La coordinación

Dos o más proposiciones se unen en una oración mediante la coordinación cuando las proposiciones son independientes, es decir que la una no depende de la otra, simplemente se unen mediante un nexo.

Juan canta y Sonia baila.

La primera proposición *Juan canta* no depende de la segunda *Sonia baila,* ni la segunda de la primera, ambas son independientes, y de hecho, podrían aparecer solas como oraciones simples:

Juan canta.
Sonia baila.

Se unen mediante un nexo: *y*, pero ambas tienen significado completo y no requieren de la otra para tenerlo.

3. Tipos de coordinadas

Pueden establecerse distintos tipos de coordinación, lo que da lugar a:

• Coordinadas copulativas.

• Coordinadas adversativas.

• Coordinadas disyuntivas.

• Coordinadas distributivas.

• Coordinadas explicativas.

(Los distintos nexos fueron analizados en el capítulo de la conjunción).

3.1. *Coordinadas copulativas*

Copulativas: suman informaciones.
Nexos: *y ,e, ni, que.* El nexo *que* equivale aquí a *y.*

Juan canta y Sonia baila.
Ni tú has hecho tus deberes ni yo he ido a clase.
Habla que habla (el nexo *que* significa *y: habla y habla*).

Como vemos en los ejemplos, todas las oraciones están compuestas por dos proposiciones independientes que se unen mediante un nexo coordinante copulativo que lo que hace es unir, sumar dos o más informaciones.
Pueden ser más de dos proposiciones:

Tú recoges, él lava, ella seca y yo coloco.

3.2. *Coordinadas adversativas*

Adversativas: una de las proposiciones corrige a la otra.
Nexos: *pero, mas, sin embargo, aunque, no obstante...*

Juan estudió pero no aprobó.

La segunda proposición (*pero no aprobó*) corrige a la primera (*Juan estudió*).

Fui a tu casa pero no estabas.
Compré pan aunque lo perdí.
Corrí poco, sin embargo me mareé.
Hace sol, no obstante luego lloverá.

3.3. *Coordinadas disyuntivas*

Disyuntivas: ofrecen dos posibilidades.
Nexos: *o, o bien.*

¿Estudias o trabajas?
O bien estudias o bien trabajas.

3.4. *Coordinadas distributivas*

Distributivas: distribuyen la acción en diferentes posibilidades.
Nexos: *ya... ya, bien... bien, tan pronto... como, unos... otros.*

Ya llueve ya nieva.
Bien ríe bien llora.
Tan pronto entras como sales.
Unos venden otros compran.

3.5. *Coordinadas explicativas*

Explicativas: una proposición explica a la otra.
Nexos: *esto es, es decir...*

Sacó un cinco en el examen, esto es, aprobó.

4. La yuxtaposición

En algunas ocasiones las proposiciones aparecen sin nexos: *Juan corre, Ana salta, Pedro baila.* En el lugar de los nexos aparecen comas. Estas proposiciones se llaman proposiciones yuxtapuestas. A veces es posible identificarlas como coordinadas o subordinadas, pues pueden ser de ambos tipos, en cuyo caso se especificará, pero otras veces identificar el tipo de oración que es en cuanto a si es coordinada o subordinada es confuso, en cuyo caso se clasificará como proposición yuxtapuesta.

Ejercicios

1. **Explique qué es una oración compuesta y en qué se diferencia de una simple.**

2. **Ponga cuatro ejemplos de oración simple y cuatro de oración compuesta.**

3. **¿Qué es la coordinación? Ponga tres ejemplos.**

4. **Tipos de coordinadas y sus nexos.**

5. **¿Qué es la yuxtaposición? Ponga un ejemplo.**

6. **Identifique el tipo de coordinación de cada una de las siguientes oraciones:**

   a) Belén viene y Juan sale.
   b) Estrella plancha, Jesús cocina, Mercedes lava, Ernesto seca, Selena barre, Gonzalo friega.
   c) Fui a tu casa, pero ya no estabas.
   d) Ya sonríes, ya lloras.
   e) Hazlo bien desde el principio o lo repetirás.
   f) Ana juega bien las cartas pero nunca gana.
   g) Unos lavan, otros secan.
   h) ¿Sales o entras?

7. **Escriba una oración coordinada de cada clase.**

Soluciones

1.

   Oración compuesta: tiene dos o más verbos. La oración simple sólo tiene un verbo. La diferencia está en que la simple sólo tiene un verbo y la compuesta dos o más.

2.

   Oraciones simples:
   -Soy una mujer mayor.
   -Quiero más carne.
   -Me gusta mucho tu vestido.
   -¿Vendrás conmigo al cine esta tarde?

   Oraciones compuestas:
   -Yo voy al mercado y tú te quedas en casa.
   -Trabajo mucho, pero no asciendo.

-¿Me quieres o no me quieres?
-Acabó con aquella deuda, es decir, la pagó.

3.

Mediante la coordinación se unen dos o más proposiciones independientes.
Jacinta es alta y María es baja.
Yo lo intenté, mas no lo conseguí.
O bien trabajas o bien estudias.

6.

La yuxtaposición es una forma de unión de las proposiciones que prescinde de nexos. En su lugar aparece coma, punto y coma...
Ejemplo:
Estudio, trabajo, limpio, lavo, plancho.

7.

a) Oración compuesta formada por dos proposiciones unidas mediante coordinación copulativa.

b) Oración compuesta formada por seis proposiciones yuxtapuestas, que se pueden interpretar como coordinadas copulativas.

c) Oración compuesta formada por dos proposiciones unidas mediante coordinación adversativa.

d) Oración compuesta formada por dos proposiciones unidas mediante coordinación distributiva.

e) Oración compuesta formada por dos proposiciones unidas mediante coordinación disyuntiva.

f) Oración compuesta formada por dos proposiciones unidas por coordinación adversativa.

g) Oración compuesta formada por dos proposiciones unidas mediante coordinación distributiva.

h) Oración compuesta formada por dos proposiciones unidas por coordinación disyuntiva.

8.

Copulativa: Iré yo y luego irás tú.
Adversativa: Voy, pero no te aseguro nada.
Disyuntiva: O me lo dices ahora mismo, o me voy.
Distributiva: Unos días llueve, otros días nieva.
Explicativa: Grabó una cuña publicitaria, es decir, grabó un anuncio.

Capítulo XVIII

La oración compuesta.
La subordinación

1. La subordinación

La subordinación establece un tipo de unión dependiente entre proposiciones.

Las proposiciones que se subordinan tienen una relación de dependencia, siendo una la principal (no lleva nexo) y la otra la subordinada (va introducida por un nexo), que es la que depende de la principal.

Dije que vendría.

La segunda proposición, *que vendría,* depende de la principal, se subordina a ella y lo hace con el nexo *que.*

No son independientes como lo eran las coordinadas, no podemos separarlas en oraciones simples porque el resultado sería éste:

Dije.   *Que vendría.*

Queda, pues, claro que la subordinada necesita a la principal para tener sentido pleno.

2. Tipos de subordinadas

Las subordinadas pueden ser:
• Sustantivas
• Adjetivas
• Adverbiales

2.1. *Subordinadas sustantivas*

Las subordinadas sustantivas realizan las mismas funciones que el sustantivo en la oración simple: complemento directo, complemento indirecto, suplemento... etc.

Los nexo que suelen introducirla son *que* y *si,* pero no siempre aparecen, pues hay casos en los que se omiten.

Ejemplos de subordinadas sustantivas sin nexo:
Espero <u>me contestes pronto</u>.
Explícanos <u>cómo lo hizo</u>.

Ejemplos de subordinadas sustantivas introducidas por *que:*
Espero <u>que me contestes pronto</u>.
Dijo <u>que vendría</u>.

Ejemplos de subordinadas sustantivas introducidas por *si.*
No sé <u>si esperarlo</u>.
No recuerdo <u>si María te conoce</u>.

2.1.1. *Tipos de subordinadas sustantivas*

2.1.1.1. Subordinada sustantiva de sujeto

La subordinada sustantiva de sujeto realiza la función de sujeto. Tal y como lo haría un sustantivo en una oración simple, lo hace la subordinada sustantiva.

En una oración simple el sujeto es, por ejemplo *eso*: *eso no me importa*. En una oración compleja una subordinada puede realizar la misma función que *eso* en la simple.

<u>Que tú vengas</u> no me importa.

Que tú vengas es la subordinada sustantiva de sujeto, porque hace la función de sujeto del verbo de la proposición principal *importa*.

Más ejemplos:
<u>Que tú vengas</u> no me preocupa en absoluto. (<u>Eso</u> no me pre-ocupa en absoluto).
<u>Que estés enferma precisamente hoy</u> resulta bastante sospe-choso. (<u>Esto</u> resulta bastante sospechoso).

2.1.1.2. Subordinada sustantiva de complemento directo

La subordinada sustantiva de C.D. realiza la función de C.D. De la misma manera que un sustantivo hace de C.D. en una ora-ción simple, lo hace la subordinada sustantiva de C.D.

Puede ser sustituida por *lo, la, los, las*, igual que se hace con el C.D. en la oración simple, para comprobar que realmente estamos ante un C.D.

Dije <u>que vendría</u>.
Conté <u>que Ana era estúpida</u>.
Sé <u>que tú no vendrás</u>.

En todos los casos la proposición subordinada sustantiva de C.D. puede ser sustituida por *lo(s), la(s)*:

<u>Lo</u> dije.
<u>Lo</u> conté.
<u>Lo</u> sé.

Veamos un ejemplo en el que se advierte claramente cómo la subordinada sustantiva de C.D. funciona como un C.D. en una oración simple:

(1) *Conté <u>que Ana es estúpida.</u>*
(2) *Conté <u>la estupidez de Ana.</u>*

En el caso (1) la oración es compuesta y la función de la subordinada es de C.D.

En el caso (2) la oración es simple (sólo hay un verbo) pero *la estupidez de Ana* es C.D. igual que lo era la sustantiva de CD: *que Ana es estúpida*.

No sé <u>si podré llegar.</u>

En el ejemplo la subordinada sustantiva de C.D. está introducida por el nexo *si*.

2.1.1.3. Subordinada sustantiva de complemento indirecto

La subordinada sustantiva de C.I. realiza la función de C.I. en una oración compuesta. Lo hace como un sustantivo en una oración simple.

La prueba para verificar que realmente es un C.I. es la misma que en la oración simple: sustituirlo por *le, les*.

Di mis cuadros <u>a quienes pagaron.</u>

La proposición *a quienes pagaron* realiza la función de C.I. del verbo de la proposición principal *di*. Prueba de ello es que se puede sustituir por *les*:

229

Les di mis cuadros.

Convirtamos la oración en una oración simple para comprobar cómo la función es igual:

Di mis cuadro a los clientes/ a los pagadores/ a ellos.

La función es la misma sólo que en una oración compuesta.

Más ejemplos:
Firmaré autógrafos <u>a todos los que esperen en el hotel</u>. (<u>Les</u> firmé autógrafos).
Cantaré un bolero <u>a quien esté dispuesto a oírme.</u> (<u>Le</u> cantaré un bolero).
Daré mi camisa favorita <u>a quien se porte bien esta tarde</u>. (<u>Le</u> daré mi camisa favorita).

2.1.1.4. Subordinada sustantiva de suplemento

Veamos primero un ejemplo de suplemento en una oración simple:

Confía <u>en ellos.</u>

Veamos ahora el mismo ejemplo pero en una oración compuesta:

Confía <u>en quienes te quieren.</u>

Comprobamos que *en quienes te quieren* realiza la misma función (suplemento) que *en ellos* (suplemento).

La prueba para comprobar que realmente es un suplemento (o complemento preposicional) es la misma que en la oración simple:

¿preposición + que/ quienes + verbo?
¿en + quienes + confía?
en quienes te quieren

Más ejemplos:
Cuenta con <u>los que te rodean</u>.
¿con + quién + cuenta?
con los que te rodean

Veamos la similitud con la oración simple:

Cuenta <u>con los que te rodean</u>.
Cuenta <u>con ellos</u>.

2.1.1.5. Subordinada sustantiva de atributo

Recordemos que el atributo es el complemento que siempre aparece con verbos copulativos. La subordinada sustantiva de atributo realiza la misma función.

Claudia está que trina.

Que trina es una subordinada sustantiva en función de atributo, tal y como sucedería en una oración simple:

Claudia está nerviosa.

2.1.1.6. Subordinada sustantiva de complemento de nombre (C.N.)

Un sintagma preposicional realiza la función de C.N. en la oración simple complementando a un nombre de la misma. Pues bien, de la misma manera realiza esta función la subordinada sustantiva de C.N. Introducida siempre (al igual que en la simple) por la preposición *de*.

Todavía conserva el deseo de que su hija se case.

De que su hija se case complementa al nombre *deseo,* siendo por tanto una subordinada sustantiva de complemento de nombre.

Si fuera una simple, es decir que no hubiera más que un verbo el C.N. sería:

Todavía conserva el deseo de la boda de su hija.

Dos serían los C.N. en este caso, pero ilustran cómo la subordinada sustantiva de C.N. realiza la misma función que el C.N. en la simple.

2.1.1.7. Subordinada sustantiva de complemento del adjetivo

Igual que en el caso anterior (C.N.) la proposición subordinada sustantiva complementa a una palabra que no es el verbo, sólo que en vez de ser a un sustantivo al que complementa es a un adjetivo.

Estoy convencida de que llegarás a tiempo.

En una oración simple sería así:

Estoy convencida de ello.

2.1.1.8. Subordinada sustantiva de complemento del adverbio

Comportamiento similar a los dos casos anteriores (complemento de nombre y de adjetivo) pero aquí complementa a un adverbio.

Estuvo cerca de que le pegaran.

En una oración simple:

Estuvo cerca de ello.

2.2. *Subordinadas adjetivas (o de relativo)*

Las subordinadas adjetivas, también llamadas de relativo, funcionan como un adjetivo en la oración simple, esto es, complementando a un sustantivo, sólo que en la oración compuesta complementan a un sustantivo de la oración principal.

(1) *Quiero la manzana verde.*
(2) *Quiero la manzana que es verde.*

El caso (1) es el de una oración simple donde el adjetivo *verde* complementa al sustantivo *manzana*.

El caso (2) es similar sólo que en lugar de decir *verde* lo desarrolla como una proposición: *que es verde*, pero su función sigue siendo la misma: complementar a un sustantivo, en este caso: *manzana*.

Las subordinadas adjetivas siempre van introducidas por un nexo que además se refiere siempre al sustantivo al que complementan. En el caso (2) el nexo *que* se refiere a la *manzana*, siendo el sustantivo complementado (*manzana*) el denominado antecedente, siendo a él a quien ha de referirse siempre el nexo introductor de la proposición adjetiva.

Nexos: *que, quien(es), el cual, la cual, los cuales, las cuales, lo cual, el que, la que, los que, las que, lo que, cuyo, cuya, cuyos, cuyas, donde, como, cuando.*

El nexo, además de ser nexo, desempeña una función en la proposición, que puede ser sujeto, C.D., etc.

Quiero la manzana que es verde.

Analicemos la proposición para ver cuál es la función del nexo:

que es verde
Sujeto: *que*, (equivale a la manzana).
Predicado nominal: *es verde.*
Es: Núcleo.
Verde: Atributo.
El sujeto, pues, de *es verde* será *que*, puesto que equivale a su antecedente *la manzana.*

No conozco a la persona <u>que está a tu lado</u> (antecedente: *persona*).
Los hombres <u>con quienes he salido</u> no merecían la pena (antecedente: *los hombres*).
Juan, <u>el que te saludó ayer</u>, es mi primo (antecedente: *hombres*).
Tus preguntas, <u>las cuales serán respondidas hoy,</u> no formarán parte del examen (antecedente: *preguntas*).
La casa <u>cuyas tejas se han caído</u> será arreglada hoy (antecedente: *casa*).

Hay que tener cuidado con los nexos: *donde, como, cuando,* pues pueden confundirse estos mismos nexos con los que introducen ciertas proposiciones subordinadas adverbiales y que coinciden en su forma. Para evitar la confusión sólo hay que tener presente que los nexos de las proposiciones adjetivas siempre tienen antecedente, mientras que las subordinadas adverbiales carecen siempre de antecedente.

La casa <u>donde vives</u> es muy bonita. (Antecedente: *la casa*).
No conocen la forma <u>como ha de hacerse la mesa.</u>
(Antecedente: *la forma*).

Usar *cuando* como nexo de subordinada relativa no es recomendable, razón por la que prescindimos del ejemplo.

2.2.1. *Subordinadas adjetivas especificativas y explicativas*

Igual que el adjetivo puede ser especificativo o explicativo las proposiciones subordinadas adjetivas también pueden ser especificativas o explicativas.
Serán especificativas cuando no vayan entre comas.
Serán explicativas cuando vayan entre comas. (Este hecho modifica bastante el sentido de la oración).

(1) Las personas que han traído el libro podrán leer conmigo.

(2) Las personas, que han traído el libro, podrán leer conmigo.

En el caso (1) sólo las personas que hayan traído el libro podrán leer.

En el caso (2) se entiende que todas las personas han traído el libro, por lo que todas podrán leer.

Como se ve, que haya o no comas modifica mucho el significado de la oración, diferenciando las especificativas de las explicativas.

2.2.2. *Sustantivación*

De la misma manera que el adjetivo puede sustantivarse y actuar como un sustantivo, la proposición adjetiva puede en algunos casos funcionar igual. Es imprescindible para su sustantivación que carezca de antecedente, porque eso es lo que la convierte en sustantiva.

Las que quieran pueden salir ahora al patio.

No hay antecedente para *las que*, funcionando la proposición como una subordinada sustantiva de sujeto, ya que *las que quieran* es el sujeto de *pueden salir ahora mismo al patio*.

En estos casos se hablará, ya no de subordinada adjetiva, sino de subordinada sustantiva.

2.2.3. *El participio como subordinada adjetiva*

Ya explicamos que el participio puede funcionar como verbo y como adjetivo. Pues bien, puede aparecer también como una subordinada adjetiva con sus propios complementos:

Los libros editados durante este mes tendrán una rebaja.

Viene a ser lo mismo que:

Los libros que se han editado este mes tendrán una rebaja.

Por lo tanto su análisis, en casos como el explicado, será como el de una proposición subordinada adjetiva, ya que el participio se comporta en estos enunciados como un verbo.

2.3. *Subordinadas adverbiales*

Las subordinadas adverbiales expresan circunstancias igual que el adverbio en la oración simple.

2.3.1. *Tipos de subordinadas adverbiales*

2.3.1.1. De tiempo

Las subordinadas adverbiales de tiempo expresan como su nombre indica tiempo, el tiempo en que sucede la acción.

Nexos: cuando, mientras, antes, durante, apenas...

Entró mientras los niños del coro cantaban.
Vino cuando todo estaba acabado.
Mientras yo fregaba los platos él hacía la comida.
Estaré allí antes de que tú llegues.
Apenas entró en casa se dio cuenta de todo.

2.3.1.2. De lugar

Las subordinadas adverbiales de lugar señalan el lugar donde sucede la acción de la principal.

Nexos: donde, en donde, a donde, por donde...

Iré por donde Juan dijo.
No sé donde está la caja azul.

Recuerde el lector que no debe confundir la adverbial de lugar con la adjetiva. La diferencia fundamental reside en que la adjetiva ha de llevar necesariamente un antecedente y la adverbial carece de él.

2.3.1.3. De modo

Las subordinadas adverbiales de modo expresan, como su nombre indica, el modo en que se realiza la principal.

Nexos: como, según...

Lo haré como quiera.
Armé el puzzle según decían las instrucciones.

2.3.1.4. Comparativas

Las subordinadas adverbiales comparativas establecen una comparación, y dicha comparación puede ser:

De igualdad: *Ríe tanto como llora.*

Nexos: tan... como, tanto... como/cuanto.

Come tanto cuanto quiere.
Es tan alto como lo fue su padre.
Estoy tan cansada como antes de sentarme.

De superioridad: *Llora más que ríe.*
Nexos: más... que/de, mejor/peor/mayor/menor... que.

Andrea está mejor en casa que yendo a una fiesta.
¿Estar con Juan es peor que estar conmigo?

De inferioridad: *Llora menos que ríe.*
Nexos: menos... que/de.

Me dieron por tu collar menos de lo que cuesta.
Obtuve menos aplausos que hace dos años.

2.3.1.5. Causales

Las adverbiales causales dan la razón (la causa) por la que sucede la principal.
Nexos: porque, ya que, puesto que, pues, como...

No fue a clase porque estaba enferma.
No lo sé puesto que no lo vi.
No digas más mentiras, pues no sirve de nada.
Ya que Julio ha venido, hagamos una fiesta.
Como es muy alto, encesta muchas veces.

El nexo de la causal, sea cual sea, siempre equivale a porque.
El criterio a seguir es que sea la proposición la que explique la causa de la principal, porque podemos encontrar casos en los que ni siquiera hay nexo (yuxtaposición):

No irá a clase, está enfermo.

No hay en el ejemplo un nexo que introduzca a la causal, no obstante, podemos identificarla fácilmente pues la razón por la que no va a clase es porque está enfermo.

2.3.1.6. Consecutivas

Las adverbiales consecutivas expresan la consecuencia de la principal.
Nexos: por (lo) tanto, así pues, así que, por consiguiente, en consecuencia...

Está lloviendo, así que llévate el paraguas.
Está acatarrado, por lo tanto no irá a la oficina.
Te lo advertí, así que ahora no te lamentes.
No has hecho tus deberes, por consiguiente estás castigado.

Además de los nexos antes mencionados y de otros similares, pueden actuar como nexos: de tal modo que (sufría de tal modo que le llevamos al hospital); en grado tal (su enfermedad ha llegado a un grado tal que morirá pronto).

Resumiendo, todo aquello que exprese una consecuencia derivada de la acción principal, sea con los nexos citados o con otros o con ninguno (yuxtaposición), será adverbial consecutiva.

2.3.1.7. Condicionales

Las subordinadas condicionales expresan la condición para que se cumpla la principal. Nexos: si, como, a menos que, a condición de que, siempre que, en el supuesto que...

La proposición condicional es aquélla donde se expresa la condición, y, por tanto, donde encontraremos el nexo. Tal proposición recibe el nombre de prótasis. La proposición principal recibe el nombre de apódosis.

Si bebes no conduzcas.
Prótasis: Si bebes.
Apódosis: no conduzcas.

A menos que apruebes todo no irás a Málaga.
Podrás jugar siempre que cuides tus juguetes.
En el supuesto de que Ana llegue a tiempo iremos a cenar a un italiano.
Saldréis al parque a condición de que recojáis la habitación.
Como te comas todo el chocolate vomitarás.

En los ejemplos queda claro que sea cual sea el nexo siempre equivale (compruébenlo) al nexo si.

Pueden ser otros nexos los que introduzcan la condicional, mas lo que siempre ha de cumplirse es que establezca una condición.

Cómete eso, te pondrás malo.

El imperativo (cómete) puede actuar como condicional pues vemos que el ejemplo equivale a:

Si te comes eso, te pondrás malo.

Igual puede suceder con el gerundio:

Poniendo eso ahí, no solucionas nada.
Si pones eso ahí, no solucionas nada.

2.3.1.8. Concesivas

Las subordinadas adverbiales concesivas expresan algo que dificulta el cumplimiento de la principal pero que no lo impide, pues pese al obstáculo expresado en la concesiva, la principal se cumple.

Nexos: aunque, pese a, a pesar de, aun cuando, si bien...

Aprobó el examen, aunque ese día estaba enfermo.
A pesar de que me engañaste, yo te sigo queriendo.

Sea cual sea el nexo introductorio, éste siempre equivale a aunque. Lo que puede acarrear ciertas dificultades es diferenciar las proposiciones subordinadas adverbiales concesivas de las coordinadas adversativas. Establezcamos, pues, la diferencia:

a) La adversativa corrige a la otra proposición: Lo pretendió pero no lo logró. La corrección viene dada por 'no lo logró', corrigiendo así el contenido de la principal. Además al ser coordinada es autónoma.

b) La concesiva, en cambio, opone una dificultad al cumplimiento de la principal pero no lo impide como sucedía en la adversativa: *Iré aunque estoy muy cansado*. No corrige a la principal, pues el contenido de ésta seguirá cumpliéndose pese a que esté cansado, mientras que en la adversativa veíamos que la proposición no se cumplía, pues no lo logró. La concesiva es, además, subordinada lo que implica que su relación con la principal sea de dependencia, mientras que la adversativa es siempre independiente.

2.3.1.9. Finales

Las adverbiales finales expresan la finalidad de la principal.

Nexos: para, a, a fin de que, con la finalidad de, con la intención de...

Vengo a pedirte disculpas.
Sal pronto para llegar a tiempo.
Lo hice a fin de que te beneficiara.

238

Compró el abrigo con la intención de regalártelo.

Equivalen los nexos siempre a para.

2.3.2. *Proposiciones de gerundio*

Las proposiciones formadas por gerundio puede formar proposiciones adverbiales.

Vino andando despacio.

Proposición subordinada adverbial modal, pues ¿cómo, de qué manera vino?

Ejercicios

1. **Identifique las proposiciones subordinadas y diga de qué tipo son:**

Nos sorprendió mucho que tus primos no estuvieran allí.
No saldré hoy a la calle porque estoy resfriado.
Antonio está que salta.
A pesar de que no me gusta mucho la ópera, te acompañaré.
¿Aún conservas la esperanza de verla?
Rosa ha dicho que vendrá hoy a casa.
El escritor firmó libros a quienes lo visitaron.
Me burlé de que llorara tanto.
Lo hago para que vengas al cine conmigo.
Decidió que confiaría en ella.
Lamento que llores por mi culpa.
El profesor ordenó que estudiáramos.
Como aún es pronto, saldremos un rato.
He terminado los deberes, así que me voy al parque.
Anunció que no hoy no daría clase.
Los delfines que hay en el zoológico son muy hermosos.
El cartel decía que no aparcara.
Si no durmieras tanto, tendrías más tiempo.
Cuando vengas, ya te lo contaré con calma.
Mi hija estudia donde puede.
Necesito que vengas aquí.
Me duele que llores.
Regalaron caramelos a quienes acudieron.
El alumno decidió que copiaría.
Vete a la cama, que ya es tarde.
Le gusta que cante.
El perro que he visto hoy en la calle estaba gordísimo.
¿Estabas allí cuando sucedió?
Cantó boleros a quienes aplaudieron.
¿Tú crees que los fantasmas existen?
Salimos, aunque llovía mucho.
Me molesta que llueva tanto.
¿Quieres que vaya ahora mismo?
Es verdaderamente molesto que mientas constantemente.
El sol, que no parecía fuerte, nos quemó la piel.
Ésta es la oficina donde trabaja Miguel.
Le gustó mucho que vinieras a la fiesta.

Saca el libro que llevas en la cartera.
Suspendiendo todos los exámenes repetirás curso.
Lo acabaré cuando pueda.
¿No sabes si lo conoces?
Me agrada mucho que te hayas cortado el pelo.
Estoy contenta de que seas un buen estudiante.
El año que viene haré un viaje.
Tengo la certeza de que sabrás resolver este problema.
La gente, cansada ya, se fue a su casa.

2. ¿Adversativas o concesivas?

Me dice que lo llame mañana, pero no me atreveré.
Has fallado dos veces, no obstante aprobarás.
Seguiré estudiando aunque sean más de las dos.
Aprobaré mal que le pese.
Me quedé con todo, cuando sólo me pertenecía la mitad.
Llegaré tarde aunque tú no quieras.
Estudia mucho, aunque suspende.

3. Identifique las proposiciones y diga de qué tipo son:

Sabía que si venía Juan a la fiesta todos lo pasaríamos genial.
Tú dices que venga hoy y ella dice que venga mañana.
No sé qué hacer para que me perdone.
Sé que ellas piensan que nada de esto habría sucedido si yo
no hubiera venido.
Ya llora ya ríe.
Unos quieren que salgamos a la calle, otros quieren que nos
quedemos en casa.
Aquella casa, que compramos porque tú quisiste, nunca me
ha gustado.
Nosotros, que fuimos tan amigos, ya no somos los mismos.
¿Venías solo o venías con Sara?
Cuando llegues a casa quita la alarma.
Mi madre quiere que estudie y mi padre quiere que trabaje.
Aquella tarde me enamoré de ti, pero tú no te diste cuenta.
La hermana de Sara sabe que no iremos a su casa mañana.
Que estés atravesando un mal momento no justifica tu actitud.
No había visto a mi hermano desde que se marchó a Buenos
Aires.
No trabajará hoy, está enfermo.
Está lloviendo mucho, así que llévate el paraguas.

Soluciones

1.

-Nos sorprendió mucho [que tus primos no estuvieran allí].
Proposición subordinada sustantiva de sujeto.

-No saldré hoy a la calle [porque estoy resfriado].
Proposición adverbial causal.

-Antonio está [que salta].
Proposición subordinada sustantiva de atributo.

-[A pesar de que no me gusta mucho la ópera], te acompañaré.
Proposición adverbial concesiva.

-¿Aún conservas la esperanza [de verla]?
Proposición subordinada sustantiva de C.N. (complementa a esperanza).

-Rosa ha dicho [que vendrá hoy a casa].
Proposición subordinada sustantiva de C.D. (Rosa lo ha dicho).

-El escritor firmó libros [a quienes lo visitaron].
Proposición subordinada sustantiva de C.I. (El escritor les firmó libros).

-Me burlé [de que llorara tanto].
Proposición subordinada sustantiva de suplemento.

-Lo hago [para que vengas al cine conmigo].
Proposición subordinada adverbial final.

-Decidió [que confiaría en ella].
Proposición subordinada de C.D. (Lo decidió).

-Lamento [que llores por mi culpa].
Proposición subordinada sustantiva de C.D. (Lo lamento).

-El profesor ordenó [que estudiáramos].
Proposición subordinada sustantiva de C.D. (El profesor lo ordenó).

-[Como aún es pronto], saldremos un rato.
Proposición subordinada adverbial final.

-He terminado los deberes, [así que me voy al parque].
Proposición adverbial consecutiva.

-Anunció [que no hoy no daría clase].
Proposición subordinada sustantiva de C.D. (Lo anunció).

-Los delfines [que hay en el zoológico] son muy hermosos.
Proposición subordinada adjetiva especificativa.

-El cartel decía [que no aparcara].

242

Proposición subordinada sustantiva de C.D. (El cartel lo decía).

-[Si no durmieras tanto], tendrías más tiempo.

Proposición subordinada adverbial condicional.

-[Cuando vengas], ya te lo contaré con calma.

Proposición subordinada adverbial de tiempo.

-Mi hija estudia [donde puede].

Proposición subordinada adverbial de lugar.

-Necesito [que vengas aquí].

Proposición subordinada sustantiva de C.D. (Lo necesito).

-Me duele [que llores].

Proposición subordinada sustantiva de sujeto.

-Regalaron caramelos [a quienes acudieron].

Proposición subordinada sustantiva de C.I. (Les regalaron caramelos).

-El alumno decidió [que copiaría].

Proposición subordinada sustantiva de C.D. (El alumno lo decidió).

-Vete a la cama, [que ya es tarde].

Proposición subordinada adverbial causal.

-Le gusta [que cante].

Proposición subordinada sustantiva de sujeto.

-El perro [que he visto hoy en la calle] estaba gordísimo.

Proposición subordinada adjetiva (o de relativo) especificativa.

-¿Estabas allí [cuando sucedió]?

Proposición subordinada adverbial de tiempo.

-Cantó boleros [a quienes aplaudieron].

Proposición subordinada sustantiva de C.I. (Les cantó boleros).

-¿Tú crees [que los fantasmas existen]?

Proposición subordinada sustantiva de C.D. (¿Tú lo crees?)

-Salimos, [aunque llovía mucho].

Proposición subordinada adverbial concesiva.

-Me molesta [que llueva tanto].

Proposición subordinada sustantiva de sujeto.

-¿Quieres [que vaya ahora mismo]?

Proposición subordinada sustantiva de C.D. (¿Lo quieres?)

-Es verdaderamente molesto [que mientas constantemente].

Proposición subordinada sustantiva de sujeto.

-El sol, [que no parecía fuerte], nos quemó la piel.

Proposición subordinada adjetiva explicativa.

-Ésta es la oficina [donde trabaja Miguel].

Proposición subordinada adjetiva (antecedente: oficina).

-Le gustó mucho [que vinieras a la fiesta].

Proposición subordinada sustantiva de sujeto.

-Saca el libro [que llevas en la cartera].

Proposición subordinada adjetiva especificativa.

-[Suspendiendo todos los exámenes] repetirás curso.

Proposición subordinada adverbial condicional.

-Lo acabaré [cuando pueda].

Proposición subordinada adverbial de tiempo.

-¿No sabes [si lo conoces]?

Proposición subordinada sustantiva de C.D. (¿No lo sabes?)

-Me agrada mucho [que te hayas cortado el pelo].

Proposición subordinada sustantiva de sujeto.

-Estoy contenta [de que seas un buen estudiante].

Proposición subordinada sustantiva de C.N. (complementa a contenta).

-El año [que viene] haré un viaje.

Proposición subordinada adjetiva especificativa.

-Tengo la certeza [de que sabrás resolver este problema].

Proposición subordinada sustantiva de C.N. (complementa a certeza).

-La gente, [cansada ya], se fue a su casa.

Proposición subordinada adjetiva explicativa.

2.

Me dice que lo llame mañana, pero no me atreveré. Adversativa.

Has fallado dos veces, no obstante aprobarás. Concesiva.

Seguiré estudiando aunque sean más de las dos. Concesiva.

Aprobaré mal que le pese. Concesiva.

Me quedé con todo, cuando sólo me pertenecía la mitad. Concesiva.

Llegaré tarde aunque tú no quieras. Concesiva.

Estudia mucho, aunque suspende. Adversativa.

3.

-Sabía [que [si venía Juan a la fiesta] todos lo pasaríamos genial].

-Proposición subordinada sustantiva de C.D.: que [si venía Juan a la fiesta] todos lo pasaríamos genial.

-Proposición subordinada adverbial condicional: si venía Juan a la fiesta.

-[Tú dices [que venga hoy]] y [ella dice [que venga mañana]].
Proposición coordinada copulativa 1: Tú dices [que venga hoy]
que venga hoy: proposición subordinada sustantiva C.D.
Proposición coordinada copulativa 2: ella dice [que venga mañana].
que venga mañana: proposición subordinada sustantiva de C.D.

-No sé [qué hacer [para que me perdone]].
Proposición subordinada sustantiva de C.D.: qué hacer [para que me perdone]
para que me perdone: proposición subordinada adverbial final.

-Sé [que ellas piensan [que nada de esto habría sucedido] [si yo no hubiera venido]].
Proposición subordinada sustantiva de C.D.: que ellas piensan [que nada de esto habría sucedido] [si yo no hubiera venido]
que nada de esto habría sucedido: subordinada sustantiva de C.D.
si yo no hubiera venido: subordinada adverbial condicional

-[Ya llora] [ya ríe].
Proposición coordinada distributiva 1: ya llora
Proposición coordinada distributiva 2: ya ríe

-[Unos quieren [que salgamos a la calle]], [otros quieren [que nos quedemos en casa]].
Proposición coordinada distributiva 1: unos quieren [que salgamos a la calle]
que salgamos a la calle: proposición subordinada sustantiva de C.D.
Proposición coordinada distributiva 2: otros quieren [que nos quedemos en casa]
que nos quedemos en casa: proposición subordinada sustantiva de C.D.

-Aquella casa, [que compramos [porque tú quisiste]], nunca me ha gustado.

Proposición subordinada adjetiva explicativa: que compramos [porque tú quisiste]
porque tú quisiste : proposición subordinada adverbial causal.

-Nosotros, [que fuimos tan amigos], ya no somos los mismos.
Proposición subordinada adjetiva explicativa: que fuimos tan amigos.

-¿[Venías solo] o [venías con Sara]?
Proposición coordinada disyuntiva 1: venías solo
Proposición coordinada 2: venías con Sara

-[Cuando llegues a casa] quita la alarma.
Proposición subordinada adverbial de tiempo: cuando llegues a casa.

-[Mi madre quiere [que estudie]] y [mi padre quiere [que trabaje]].
Proposición coordinada 1: mi madre quiere [que estudie]
quiere que estudie: proposición subordinada sustantiva de C.D.
Proposición coordinada copulativa 2: mi padre quiere [que trabaje]
que trabaje: proposición subordinada sustantiva de C.D.

-La hermana de Sara sabe [que no iremos a su casa mañana].
Proposición subordinada sustantiva de C.D.: que no iremos a su casa mañana.

-[Que estés atravesando un mal momento] no justifica tu actitud.
Proposición subordinada sustantiva de sujeto: que estés atravesando un mal momento.

-No había visto a mi hermano [desde que se marchó a Buenos Aires].
Proposición subordinada adverbial de tiempo: desde que se marchó a Buenos Aires.

-No trabajará hoy, [está enfermo].
Proposición yuxtapuesta (adverbial causal): está enfermo.

-Está lloviendo mucho, [así que llévate el paraguas].
Proposición subordinada adverbial consecutiva: así que llévate el paraguas.

246

Bibliografía

ALARCOS LLORACH, EMILIO. *Gramática de la lengua española.* 6ª reimpresión. Madrid, 1995.

ALSINA, RAMÓN. *Todos los verbos castellanos conjugados.* 10ª edición. Madrid, 1980.

GILI GAYA, SAMUEL. *Resumen práctico de gramática española.* 10ª edición. Madrid, 1981.

GÓMEZ TORREGO, LEONARDO. *Gramática didáctica del español.* 8ª edición. Madrid, 2002.

MARTÍNEZ DE SOUSA. *Diccionario de usos y dudas del español actual.* 3ª edición. Barcelona, 2001.

REAL ACADEMIA ESPAÑOLA. *Diccionario de la lengua española.* 22ª edición. Madrid, 2001.

REAL ACADEMIA ESPAÑOLA. *Ortografía de la lengua española.* Madrid, 1999.

SÁNCHEZ LOBATO, JESÚS/GARCÍA FERNÁNDEZ, NIEVES. *Gramática.* 3ª edición. Madrid, 2001.

SECO, MANUEL. *Gramática esencial del español.* 4ª edición. Madrid, 2002.

SECO, MANUEL. *Diccionario de dudas y dificultades del español.* 3ª edición. Madrid, 1998.